北大幼教丛书

幼儿体育游戏设计

王燕华　杨雪扬　编著

图书在版编目(CIP)数据

幼儿体育游戏设计/王燕华，杨雪扬编著. —北京：北京大学出版社，2017.8
（北大幼教丛书）
ISBN 978-7-301-28335-6

Ⅰ.①幼… Ⅱ.①王…②杨… Ⅲ.①体育游戏—学前教育—教学参考资料 Ⅳ.①G613.7

中国版本图书馆CIP数据核字（2017）第115121号

书　　名	幼儿体育游戏设计 YOU'ER TIYU YOUXI SHEJI
著作责任者	王燕华　杨雪扬　编著
责任编辑	周　伟　邬海澄
标准书号	ISBN 978-7-301-28335-6
出版发行	北京大学出版社
地　　址	北京市海淀区成府路205号　100871
网　　址	http://www.pup.cn　　新浪微博：@北京大学出版社
电子信箱	zyjy@pup.cn
电　　话	邮购部010-62752015　发行部010-62750672　编辑部010-62754934
印刷者	三河市北燕印装有限公司
经销者	新华书店 787毫米×1092毫米　16开本　19印张　450千字 2017年8月第1版　2021年8月第4次印刷
定　　价	85.00元

未经许可，不得以任何方式复制或抄袭本书之部分或全部内容。
版权所有，侵权必究
举报电话：010—62752024　电子信箱：fd@pup.pku.edu.cn
图书如有印装质量问题，请与出版部联系，电话：010—62756370

本书编委会

(按拼音排序)

付传彩　韩巧巧　韩　燕　李　凡
李慧萍　李静萍　李　赟　刘学艳
刘　燕　罗　洪　孟　帆　王　浩
王燕华　谢珍金　杨雪扬　余　丽
张　平　张玉萍　赵　娜　赵红梅

总　序

随着国务院《关于当前发展学前教育的若干意见》（国发〔2014〕41号）（以下简称《意见》）和教育部《3—6岁儿童学习与发展指南》（以下简称《指南》）等纲领性文件的颁布实施，我国学前教育事业开启了蓬勃发展的新局面。越来越多的幼儿园在如何进一步提高办园质量方面展开了深入的思考并不断地探索实践，形成了多元化和多样化的发展态势。北京大学附属幼儿园园本课程的开发和建设，对于彰显办园特色，促进幼儿发展，提升教师教育教学水平具有重要的意义。作为一所享誉中外的百余年高等学府的幼教机构，北京大学附属幼儿园秉承"勤奋、严谨、求实、创新"的北大传统，借鉴蔡元培先生"尚自然，展个性"的学前教育思想主张，不断开展对儿童发展与教育的研究与探索。近年来，北京大学附属幼儿园在《意见》和《指南》的指引下，利用高校独有的丰富的人文和自然科技教育资源，积极建构适宜幼儿发展的课程体系，努力形成以融合教育为特色，关注每一名幼儿的发展和需要，力求为幼儿的发展提供更加个性化支持的综合素养课程。这些课程包括以生态式艺术教育为主的个性化艺术课程，以健康生活体验为核心的阳光户外体育课程，以关注幼儿发展为本的融合教育研究课程实践，以及着眼于幼儿国际视野的第二种语言获得课程等。

正值北京大学附属幼儿园建园65周年华诞之际，"北大幼教丛书"顺利出版。首批出版的4本图书中，既包括近期研究热点的融合教育著作，又包括幼儿园在不同教育教学领域实践探索的新品力作。可以说，在当前大力发展幼儿教育事业的大背景下，这套来自幼儿园一线实践探索的园本课程丛书，不仅展示了北大幼儿园在建构有特色的学前教育发展的过程中所积累的成果，而且还能为推动具有文化底蕴和内涵发展的学前教育事业开启新的历程。

本套丛书涵盖的内容：

《幼儿美术活动设计》是一本在生态式艺术教育思想指导下探索实践的美术教学教师指导用书。它是幼儿园教师、美术专职教师、学前教育专业的学生、实习生和幼儿园工作者等学习和使用的参考辅助教材。全书包括4种美术表现类型，呈现了幼儿园教师美术教学活动中所需要的教学设计思路及操作指导，该书的核心目的在于为幼儿教育工作者提供促进幼儿艺术感知欣赏、富有想象的表达和创造性表现的教学指导策略，具有很强的实践性和操作性。

《幼儿体育游戏设计》是一本全面介绍幼儿园体育游戏活动的图书，它以幼儿脑体发展理论为基础，为构建以儿童体智能发展为中心的课程实践提供了指南。这既是一本历经教师多次实践、与时俱进的教师资源手册，又是一个展示幼儿园践行"完善人格，首在体育"教育思想的最佳的实践"窗口"。

《融合幼儿园中个别化教育计划的制订及实施》是一本高质量的普通幼儿园实施早期融合教育实践指导用书。融合教育是近几年教育界研究的热点，个别化教育计划被认为是指导特殊需要儿童融合教育最适宜的方法。该书详细地介绍了个别化教育计划制订的方法策略及在班级中的应用，为接纳特殊需要儿童的普通幼儿园以及从事融合教育工作的教师提供指导和帮助。

《幼儿园英语主题活动设计》是一本依据"幼儿主题情景学习"指导思想编写设计的幼儿园教师英语教育实用指导教材。随着幼儿教育日益国际化，幼儿的双语发展受到越来越多的家长和教师的重视。该书是在幼儿园多年实践经验的基础上，以幼儿最感兴趣的生活主题和游戏为切入点，通过深入挖掘幼儿的生活经验来为幼儿园开展英语教学活动提供指导，并以主题案例的方式阐明了对英语语言技能获得的支持性策略和方法，为从事幼儿英语教学工作的教师提供实践上的指导和帮助。

本套丛书的主要特点：

1.内容丰富全面，经典性和前沿性相结合。

本套丛书符合幼儿发展的年龄特点，同时关注特殊需要儿童的发展需要，内容更为全面。从选题的角度来看，丛书反映了当前幼儿教育研究的热点和方向。从幼儿发展的角度来看，丛书集中在幼儿个性发展和健康发展，更加重视幼儿身心的全面发展，塑造"完整幼儿"。从教师发展的角度来看，丛书提出了美术、体育、英语和个别化教育的适宜设计方案，有助于教师教育教学的有效性。

2.通适面广，读者对象更加多样化。

本套丛书除了主要面对在职幼儿园教师，探讨在职幼儿园教师教学设计技能的提升，为广大一线幼儿教育工作者提供切实的实践指导以外，也可成为专职教师实施教学的参考书和辅助教材。此外，在促进教师专业发展上，除了传统的职前培训，现今许多专业机构对教师开展的培训、评估和认证受到越来越多的欢迎和认可。因此，本套丛书也可用于教师培训，这为教师的专业发展提供了一条新的路径。

3. 实用性强，提供大量的教育指导建议。

理论和实践紧密结合，一直以来都是一线幼儿教育工作者努力践行的理念。本套丛书的一大亮点是以大量的教学案例为支撑，用极富操作性的案例说话，将一线幼儿教育工作者真实的教学设计思路、流程和建议作为宝贵的教学财富提供给读者，使读者在参考使用时有章可循，并引起情感上和方法上的共鸣。

本套丛书的编写工作由北京大学附属幼儿园组织专业骨干教师共同完成，是全体教育工作者集体智慧的结晶。为了保证编写的质量，整个编写过程经过多次反复推敲、交叉修正，编写团队的每一名教师都付出了巨大的努力和心血。在此，一并表示诚挚的感谢。

最后，感谢主要编写负责人为我们呈现如此令人鼓舞的作品，感谢北京大学出版社出版这套丛书，感谢几位编辑为这套丛书成稿所付出的辛勤劳动和提出的宝贵建议。如今，这套丛书即将与读者见面，恳请每一位读者真诚地批评与指正，并衷心希望这套丛书能对一线幼儿教育工作者的教学探索给予帮助，收获启发。让我们共同打造一片探索幼儿世界的新天地吧！

北京大学附属幼儿园

2017年3月

序

  2016年3月22日召开的中央全面深化改革领导小组第二十二次会议指出，儿童健康事关家庭幸福和民族未来。

  在我国，绝大多数3—6岁的幼儿都会进入幼儿园生活和学习。3—6岁是幼儿从家庭走向社会的过渡期，是他们的大脑和身体发育的关键期，也是他们的思维方式、价值观、人际关系形成的初始期。如何培养和教育这个年龄段的幼儿是幼儿园园长和教师们不得不面对的一个问题。

  众所周知，游戏是幼儿的主要活动方式，是幼儿身心发展的源泉。游戏具有社会性，是想象与现实生活的独特结合。游戏既可以让幼儿充分展开想象的翅膀，又能真实再现并让幼儿体验成人生活及人际关系，认识周围事物。荷兰语言学家约翰·赫伊津哈（Johan Huizinga，1872—1945）在他的《游戏的人》一书中把游戏和人类文明与文化联系在一起，并指出：欧洲人在游戏中或者通过休闲与游戏的启发，创造出灿烂的思想、艺术，乃至更健全的社会关系。

  游戏有多种类型，如运动游戏、语言游戏、数字游戏、角色游戏等。运动游戏是众多游戏中的一种，且是符合幼儿身心发展和多种技能学习的、非常独特的一种游戏。幼儿在运动游戏的过程中，不仅可以锻炼身体，发展基本的动作技能，而且还可以满足其好奇心，发挥想象力和创造力，学会建立和处理人际关系，进而获得解决各种难题的技巧。为此，西方多数国家都非常重视幼儿的运动游戏。德国幼儿园的章程中明确规定："要为儿童提供各种体育活动的机会，安排儿童从事内容丰富的游戏和活动，保证儿童在每天早晨和其他时间都有体育活动。"位居世界幼儿教育水平前列的芬兰，其幼儿园没有规则分明的"上课"环节，主要是通过游戏和运动来学习，从让幼儿不断地尝试和实践中，帮助幼儿培养自信心、社交能力和合作意识。

近年来，运动游戏在我国的幼儿园日益受到重视，并被广泛地采纳。但是，作为新生事物，加之各幼儿园在师资、理念、场地、幼儿人数等方面都存在巨大的差异，运动游戏的实施或多或少地面临一些问题，如不同年龄的孩子应该做什么样的游戏，幼儿园教师如何科学有效地组织运动游戏，如何结合园所现有的场地设施来安排游戏，每次游戏的时间多长、运动强度多大合适，等等。

在我国，有针对性的、翔实具体的、适合3—6岁幼儿的运动游戏教学参考资料还十分稀少。在这样的背景下，北京大学附属幼儿园根据六十余年办园经验，在了解国内外发展趋势和幼儿生理、心理特点及其发展规律的基础上，对多年实施的运动游戏进行系统的总结和归纳，集结成册，这是非常有益的尝试。本书不仅提供运动游戏的教学理念、策略和方法，而且还提供多个运动游戏的操作方式和组织诀窍，可以说是理论和实践兼具、十分实用的教材，是北京大学附属幼儿园自己的园本课程教材，也可以作为全国其他幼儿园进行运动游戏教学的参考书。我相信，这样的教材出版和应用将有助于儿童"学会做人、学会做事、学会学习和学会共生"。

北京大学妇女儿童体育研究中心主任
董进霞教授
2017年3月19日于北京大学

前言

我国著名儿童教育家陈鹤琴先生曾经说过:"小孩子生来是好动的,是以游戏为生命的。"的确,如果对于成人来讲,游戏是休闲的,那么对于幼儿来讲,游戏就是生活、是学习、是工作。

在众多种类的游戏中,体育游戏因具有趣味性、运动性、多样性、变化性、团体性、挑战性而深受幼儿的喜爱。

说起游戏,很多人,特别是家长,往往更加重视让自己的孩子参与智力游戏,而非体育游戏。但随着对婴幼儿大脑发展的研究和对幼儿心理发展的研究,越来越多的科学家证明了运动不仅促进幼儿身体的健康发育,而且能有效促进幼儿社会性的发展和智力的发展。刘焱教授在《儿童游戏通论》一书中指出,体育游戏包含着两种密不可分的、相互联系的学习过程,即"学习运动"和"通过运动来学习"。"学习运动"是指幼儿在游戏活动中,学习走、跑、跳、投掷、钻爬、攀登等基本技能,从而提高运动的质量,促进身体运动能力的发展。"通过运动来学习"是指幼儿在体育游戏的同时也可以促进其他方面的学习。

北京大学附属幼儿园在多年来开展体育游戏经验的基础上,将教师们创编、改编的体育游戏整理汇集成书。本书共汇集了针对幼儿基本动作发展的体育游戏、结合幼儿园特点因地制宜开展的体育游戏以及一物多玩三大类、近280个体育游戏,其中绝大部分是我园教师的原创游戏,此外也有类似"切西瓜""吃毛桃""小孩,小孩,真爱玩""老猫睡觉醒不了"这样的传统体育游戏。

本书包含的体育游戏有以下四个方面的特点:

第一,关注幼儿的情感体验和态度养成。游戏之所以深受幼儿的喜爱,就是因为幼儿在游戏过程中是愉快的。因此,我们设计体育游戏的首要目标都指向幼儿的情感态度,满足幼儿对运动的需要，培养幼儿积极、健康、乐观的态度。书中大部分游戏是让幼儿扮演某一角色，引导幼儿在角色扮演中完成动作，特别是中小班的游戏内容，更是为幼儿创设了相关的游戏情境，或用生动的故事导入贯穿。而中大班的游戏内容则借助竞赛等形式，满足幼儿喜欢挑战、喜欢竞争的心理。同时，在"指导建议"中也提示教师关注幼儿的心理发展特点，避免因角色和情节的设计让幼儿出现害怕甚至恐惧的心理感受。例如，游戏"小白兔采蘑菇"的"指导建议"中就提示教师：这个游戏不建议在新生刚入园的阶段组织，避免幼儿因为"大灰狼"的出现而感到害怕，对幼儿园这个还未熟悉的环境产生不安全感。

第二，关注幼儿主动游戏和自主发展。游戏虽然有所设计，但同时我们也关注幼儿的主动参与和自主发展。在很多游戏的组织中，我们都采用幼儿自愿分组的方式，让幼儿自己选择队友，幼儿在自愿结合成的团队中表现得更加积极主动，并有更强的团队意识。游戏设计中我们也注意给幼儿自主创新留下空间。在很多游戏的"游戏玩法"和"指导建议"中，我们都提示教师尊重幼儿自发的、与众不同的完成方式。例如，游戏"奇妙的旅行"，为两组幼儿提供的器材是同样的，但幼儿可以自由组合器材，用不同的方式使用器材。游戏"青蛙跳跳赛"中也写道：让幼儿自己组合纸砖，根据自己的跳跃能力变化障碍物的长、宽、高，让幼儿自己选择跳哪一组障碍物。这既是对幼儿的尊重，又是对幼儿的鼓励和肯定。幼儿会在这样的游戏中逐渐学会客观地认识自己，正确地判断事物，不断地在修正自我认识和付出努力参与活动的过程中，获得主动的发展。

第三，关注幼儿个体差异和实际发展状况。《3—6岁儿童学习与发展指南》和《幼儿园教育指导纲要》中都指出，要关注幼儿的个体差异，促进每名幼儿在其原有基础上富有个性的发展。我园是一所融合幼儿园，更加关注幼儿个性化的需要，尊重幼儿的个体差异，因此在很多游戏的"指导建议"中我们都提示教师，要根据幼儿的实际发展情况和能力水平适当调整游戏材料、游戏规则和游戏玩法。同时引导教师关注游戏过程，而非只重结果。游戏"勇敢的小龙虾"中就鼓励教师将呼啦圈摆成不同的形状，让幼儿根据自己的能力选择采用单脚或双脚的跳跃方式。又如，在中小班的投掷类游戏中建议教师，目标的设置只是为了营造游戏氛围，激发幼儿游戏的兴趣，是否可以投准并不是目的。

第四，关注材料的方便易备和游戏组织的简单易行。幼儿园教师每天工作繁忙，琐事繁多，如果运动需要准备的器材太多，或者组织方法烦琐，往往会给教师造成负担和压力。因此，我们设计的游戏大多是材料方便易备，组织方式简单易行，在确保符合幼儿发展需要的前提下，为教师组织活动提供便利。同时，我们特别提倡和鼓励教师充分利用幼儿园现有的环境和条件，随时随地开展体育游戏。

王燕华　杨雪扬

2017年3月

目　　录

第一章　基本动作发展游戏 …………………………………………………… 1
第一节　走 ………………………………………………………………… 1
1. 大风和树叶 …………………………………………………………… 1
2. 小小运输员 …………………………………………………………… 3
3. 走走走 ………………………………………………………………… 5
4. 找朋友 ………………………………………………………………… 6
5. 我是小司机 …………………………………………………………… 8
6. 跟着小旗走 …………………………………………………………… 9
7. 快乐的小司机 ………………………………………………………… 10
8. 你走，我走，大家走 ………………………………………………… 12
9. 逃跑的机器人 ………………………………………………………… 13
10. 卷白菜 ……………………………………………………………… 15

第二节　跑 ………………………………………………………………… 17
1. 球球旅行记 …………………………………………………………… 17
2. 看谁躲得快 …………………………………………………………… 19
3. 小孩，小孩，真爱玩 ………………………………………………… 21
4. 小鸟找家 ……………………………………………………………… 22
5. 老猫睡觉醒不了 ……………………………………………………… 25
6. 会跑的稻草人 ………………………………………………………… 26
7. 揪住狐狸的长尾巴 …………………………………………………… 28
8. 狼和小羊 ……………………………………………………………… 30

9. 切西瓜 ... 32
10. 猫捉老鼠 ... 33
11. 圆圈接力跑 ... 35
12. 狼与山羊 ... 37
13. 我们都是好朋友 ... 39
14. 狐狸与小鸡 ... 40
15. 仔细听，快快跑 ... 41
16. 蜻蜓点水 ... 44
17. 水果运输队 ... 45
18. 人、枪、虎 ... 47
19. 吃毛桃 ... 48
20. 捕小鱼 ... 50

第三节 跳跃 ... 51

1. 跳跳糖 ... 51
2. 小青蛙找朋友 ... 53
3. 小白兔采蘑菇 ... 55
4. 勇敢的小龙虾 ... 57
5. 聪明的小白兔 ... 59
6. 青蛙和鳄鱼 ... 60
7. 青蛙跳荷叶 ... 62
8. 跨跳过小河 ... 64
9. 勇夺小红旗 ... 65
10. 小袋鼠运玩具 ... 67
11. 投沙包 ... 69
12. 跳伞 ... 71
13. 数高楼 ... 72
14. 采摘苹果 ... 74
15. 闯关游戏 ... 76
16. 打竹舞 ... 78
17. 快乐纸球 ... 81
18. 青蛙跳跳赛 ... 83
19. 跳跳棋 ... 85
20. 跳跃明星 ... 87
21. 小鲤鱼跳龙门 ... 89

22. 种树 90

23. 跳圈圈 92

24. 跳绳接力 93

25. 跨栏小健将 94

第四节　投掷

1. 喂小鱼 96

2. 快乐的动物园 97

3. 小松鼠捡松果 99

4. 黑猫警长练本领 101

5. 飞机上天 103

6. 飞镖运动员 104

7. 机警的小猴子 106

8. 炸炮楼 108

9. 打响铃 110

10. 降落伞 111

11. 投篮高手 113

12. 勇敢的士兵 115

13. 躲软球 117

14. 炸掉敌机 118

15. 看谁投得准 120

第五节　钻爬

1. 彩虹伞 122

2. 毛毛虫变蝴蝶 124

3. 小火车钻山洞 126

4. 小蜗牛去旅游 128

5. 蚂蚁搬豆 130

6. 小动物学本领 132

7. 小老鼠上灯台 134

8. 小乌龟接力赛 135

9. 小猪敲鼓 137

10. 钻过竹竿 139

11. 猫和老鼠 141

12. 小刺猬运土豆 143

13. 小马运粮 145

14. 穿越防线 146

15. 爬过"电网" 148

16. 小小邮递员 149

17. 勇敢的消防队员 151

18. 抓地鼠 153

19. 夺旗大赛 155

20. 地道战 156

第六节 平衡

1. 小转椅 157

2. 小兔拔萝卜 159

3. 过小河 161

4. 小熊过桥 163

5. 蚂蚁搬豆 165

6. 我是小陀螺 166

7. 走过独木桥 167

8. 金鸡独立 169

9. 小鸭捉鱼 170

10. 小羊过桥 172

11. 走过"雷区" 174

12. 过悬桥 176

13. 轮胎跳跳跳 178

14. 平衡大考验 180

15. 小小飞机运输忙 182

16. 小小杂技演员 184

17. 种树忙 186

18. 走大鞋 188

第七节 综合协调性游戏

1. 送娃娃上幼儿园 190

2. 把球滚过门 192

3. 松鼠捡果子 193

4. 玩具城堡 196

5. 小小牧羊人 198

6. 小狗玩球 200

7. 小猫学套圈 202

8. 小猪乖乖 ... 203

9. 大丰收 ... 204

10. 回头看 ... 206

11. 我是汽车小司机 ... 208

12. 熊和石头人 ... 210

13. 占圈 ... 212

14. 自抛自接球比赛 ... 214

15. 翻纸牌 ... 215

16. 抢夺弹药 ... 216

17. 小懒猪 ... 218

18. 大滚筒 ... 219

19. 地震了 ... 221

20. 跑中抛接球 ... 223

21. 奇妙的旅行 ... 224

22. 小小快递员 ... 226

23. 一米二米三 ... 228

24. 蜈蚣走 ... 229

25. 小小骑车手 ... 231

26. 坦克开来了 ... 233

27. 运送粮食 ... 235

28. 丢球 ... 236

第二章 因地制宜游戏 ... 238

1. 落叶飞起来 ... 238

2. 落叶彩带 ... 240

3. 滚来滚去 ... 241

4. 跳房子 ... 242

5. 跳格子 ... 244

6. 推出地砖 ... 246

7. 踩线踩角 ... 248

8. 单脚—双脚—单脚—跳 ... 250

9. 投沙包 ... 251

10. 走钢丝 ... 253

11. 走马路牙 ... 254

12. 走树墩 ... 256

13. 跳跳小树墩 …… 257
14. 跳跃比赛 …… 259
15. 跑上跑下 …… 261
16. 爬山 …… 262
17. 骑上骑下 …… 263
18. 翻越障碍 …… 264
19. 山沟里的狼 …… 266
20. 倒上滑梯 …… 267

第三章　一物多玩 …… 269

1. 竹竿游戏 …… 269
2. 纸张游戏 …… 272
3. 绳子游戏 …… 274
4. 沙包游戏 …… 276
5. 圈的游戏 …… 278
6. 轮胎游戏 …… 279
7. 球类游戏 …… 281

第一章 基本动作发展游戏

第一节 走

1 大风和树叶

（游戏设计：王浩、韩燕、李慧萍）

■ 游戏名称

"大风和树叶"。

■ 游戏目标

1. 积极参与集体游戏，在游戏中获得快乐的体验。
2. 学会按照指令走、跑交替变换动作。
3. 注意力和可以对指令变化做出快速反应的能力得到提高。

■ 游戏准备

1. 树叶的头饰若干个（数量与幼儿的人数相等）。
风婆婆的头饰1个。
2. 场地布置如图：

游戏玩法

1. 教师扮演风婆婆，幼儿扮演小树叶蹲在大树的旁边。
2. 游戏开始，风婆婆张开双臂说："起风了，风婆婆来和小树叶做游戏啦！"风婆婆发出大风"呼呼"的声音，幼儿像小树叶一样随风轻轻地在场内四散地快走或者慢跑。
3. 风婆婆说："风小了！"并渐渐地放下双臂；小树叶轻轻地围着风婆婆慢走。
4. 重复几次，风婆婆说："风停了！"小树叶重新蹲在大树的周围。

游戏规则

1. 请幼儿在教师规定的场地内活动。
2. 幼儿要随着"风大了""风小了"和"风停了"的指令快速变化相应的动作。

指导建议

1. 本游戏适合3—5岁的幼儿。
2. 活动前，教师需要检查场地内有无树枝，以保证场地的安全。
3. 在游戏时，教师需要提示幼儿"小树叶在没有人的地方飘呀飘，不要相互碰撞"，引导幼儿四散地跑或走。

（游戏"大风和树叶"参照图1-1）

图1-1 游戏"大风和树叶"

❷ 小小运输员

（游戏设计：王浩、韩燕、雷小娟）

▦ 游戏名称

"小小运输员"。

▦ 游戏目标

1. 喜欢与小朋友们一起做游戏，并保持情绪愉快。
2. 能四肢协调地推着小车走。
3. 愿意帮助他人，并能从中感受到快乐。

▦ 游戏准备

1. 小推车若干辆（数量与幼儿的人数相等）。
小兔的头饰1个。
水果玩具若干个（数量为幼儿人数的5—6倍）。
自制红绿灯1个。
2. 场地布置如图：

▦ 游戏玩法

1. 情境创设：兔姐姐有一个大大的果园，里面种了苹果树、梨树，还有很多其他的水果树。现在，水果丰收了，兔姐姐可高兴了。但是，兔姐姐遇到一个困难，那么多水果一下子运不完会烂掉的。兔姐姐想请小朋友们帮忙把水果运走。

2. 游戏开始：教师说："呀，小朋友们听，是谁在哭呢？"教师头戴小兔的头饰扮演兔姐姐，做哭泣状。教师带领幼儿询问原因。兔姐姐说明原因，启发幼儿主动帮忙运送水果。

3. 每名幼儿自选一辆小车,去兔姐姐的果园装水果,装好后在场地内四散地推车走。在此期间,教师出示"红绿灯",示意幼儿按"红灯停,绿灯行"的交通规则行进。

4. 教师说:"我们帮兔姐姐把水果运到水果店吧。"教师带领幼儿把水果放置在适当的区域中,引导幼儿欣赏运回来的水果,体验到帮助兔姐姐后的快乐。

5. 游戏结束。

游戏规则

1. 幼儿推车时要保持平稳,如果翻车了,要将水果重新装好才能继续游戏。

2. 推车行走的时候,幼儿要注意教师出示的"红绿灯",做到"红灯停,绿灯行"。

指导建议

1. 本游戏适合3—4岁的幼儿。

2. 如果水果玩具的数量有限,教师可以用沙包、软球等代替。

(游戏"小小运输员"参照图1-2)

图1-2 游戏"小小运输员"

3 走走走

（游戏设计：王浩、韩燕、李凡、梁佳）

■ 游戏名称

"走走走"。

■ 游戏目标

1. 喜欢参与游戏，并保持情绪愉快。
2. 能在教师的引导下从四散的位置一个跟着一个走成一队。
3. 懂得要遵守游戏规则。

■ 游戏准备

1. 幼儿会说儿歌。
2. 场地上画一个大大的圆圈。

■ 游戏玩法

1. 幼儿四散地站在大圆圈中。
2. 游戏开始，幼儿一边说儿歌："走走走，走走走，跟着老师向前走。向前看，不乱走，我们都是好朋友"，一边拍手，在教师的引导下走成一队。
3. 幼儿在教师的指导下沿地上画的圆走成圈。
4. 教师带领幼儿一边走圈一边说："圆泡泡，泡泡圆，啪的一声飞上天。"说完，幼儿拍一下手，四散地跑到圆圈内。
5. 游戏重新开始。

■ 游戏规则

1. 幼儿要在教师的协助下一个跟着一个走，不能插队，也不能向其他的地方走。
2. 当教师说完"啪的一声飞上天"后，幼儿才能拍手，并四散地跑到圆圈内。

■ 指导建议

1. 本游戏适合3—4岁的幼儿。
2. 幼儿通常会喜欢拥到教师的身边，所以需要两名教师相互配合。一名教师带幼儿走队，另一名教师协助和引导幼儿从四散的位置走成一队。

❹ 找朋友

（游戏设计：王浩、韩燕、雷小娟）

■ 游戏名称

"找朋友"。

■ 游戏目标

1. 喜欢与小朋友们一起做游戏，并感受到游戏带来的快乐。
2. 练习有精神、有节奏地走。
3. 身体的协调性得到提高。

■ 游戏准备

1. 幼儿会说儿歌。
2. 场地布置如图：

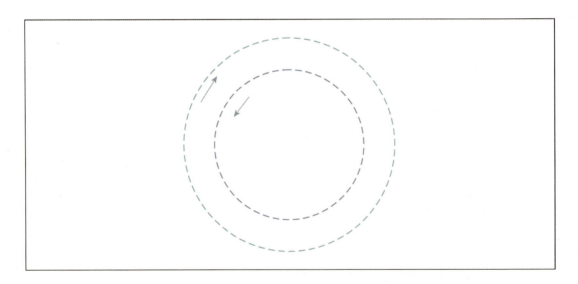

■ 游戏玩法

1. 幼儿分成人数相等的两队，站成内外两个同心圆。两名教师分别站在内圈和外圈。
2. 游戏开始，内圈和外圈的幼儿在教师的带领下，一起边说儿歌："走走走，走走走，走来走去找朋友。找找找，找找找，快快找个好朋友"，一边向相反的方向有节奏、有精神地走。

当说完最后一个"友"字时,内圈和外圈相对的幼儿立刻两两一对,相互拉手做朋友。

3. 幼儿两两拉手,按逆时针方向一边说儿歌:"好朋友,手拉手,一二一二向前走。向前走,向前走,放开小手点点头"(两手叉腰相互点点头),一边有精神地走。

4. 幼儿回到各自的圈上,游戏重新开始。

■ 游戏规则

1. 幼儿一边说儿歌一边走时,要挺胸抬头,按照儿歌的节奏走。
2. 说完儿歌的最后一个字后,幼儿才能找朋友。
3. 找朋友的时候要就近,和对面的幼儿手拉手。

■ 指导建议

1. 本游戏适合4—5岁的幼儿。
2. 最初做游戏的时候,要有教师的带领,帮助幼儿把握行进方向和速度节奏。

(游戏"找朋友"参照图1-3)

图1-3 游戏"找朋友"

5 我是小司机

（游戏设计：刘学艳）

■ 游戏名称

"我是小司机"。

■ 游戏目标

1. 喜欢与小朋友们一起做游戏，并保持情绪愉快。
2. 能拉着物品自然地走，并保持平衡。
3. 身体的协调性得到发展。

■ 游戏准备

用废旧纸盒自制的小车若干辆，各种货物（如沙包、皮球、毛绒玩具等），小筐若干个。

■ 游戏玩法

1. 幼儿扮演小司机，每人选一辆小车。
2. 教师说："我是汽车小司机，按按喇叭嘀嘀嘀！"小司机便拉着小车在场地内四散地走。
3. 教师说："汽车汽车真不少，一辆跟着一辆跑！"小司机便拉着小车，一个跟着一个，沿着场地的边缘走。
4. 教师说："小汽车，嘀嘀叫，拉着东西到处跑！"小司机把货物放进小车里，拉着小车从场地的一端走到另一端，再将货物放进小筐里，直到运完。
5. 教师说："哎呀呀，天黑了，快快停车来休息！"小司机拉着小车走到场地的一端，将小车放整齐。
6. 游戏结束。

■ 游戏规则

1. 幼儿要按照教师发出的指令行动。
2. 幼儿在开车的时候要相互避让，以免撞车。

■ 指导建议

1. 本游戏适合3—4岁的幼儿。

2. 幼儿熟悉游戏规则后，教师可以改变游戏玩法。例如，将一名幼儿跟着另一名幼儿在场地的边缘走变成在场地的边缘慢跑。

❻ 跟着小旗走

（游戏整理：韩燕、王浩）

■ 游戏名称

"跟着小旗走"。

■ 游戏目标

1. 愿意参与游戏，并保持情绪愉快。
2. 练习一个跟着一个，排成一路纵队走。
3. 形成初步的秩序感。

■ 游戏准备

1. 小旗1面。

音乐《玩具进行曲》。

2. 选择地面有直线的场地，例如直线跑道、砖缝等。场地布置如图：

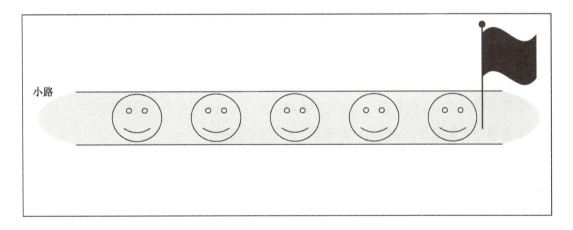

■ 游戏玩法

1. 请幼儿站在有直线的路上，一个跟着一个排好队。
2. 在音乐的伴奏下，教师把小旗交给排头的幼儿，幼儿将小旗高高地举起，并带领其他的幼儿跟着小旗走，一边走一边说儿歌："走走走，跟着小旗走。走走走，跟着朋友走。"

3. 轮换举小旗的幼儿，游戏继续进行。

4. 教师视幼儿游戏时的情绪把握游戏结束时间。

游戏规则

幼儿要一个跟着一个走，不能超队。

指导建议

1. 本游戏适合3—4岁的幼儿。

2. 教师要带领拿旗子的幼儿按照音乐的节奏走，以保证用适宜的行进速度。待幼儿可以自己把握速度的时候，教师可以请幼儿自己带队行进。

3. 教师可以示意举旗的幼儿不断变化行进路线，也可以在行进途中增加钻过拱形门、跳过软棍等情节，以增强幼儿行走的兴趣。

❼ 快乐的小司机

（游戏设计：王浩、韩燕、马晨）

游戏名称

"快乐的小司机"。

游戏目标

1. 喜欢参与集体游戏，知道遵守游戏规则。

2. 初步学习推小车倒着走、变速走和走跑交替，控制小车的能力得到提高。

3. 身体的平衡能力、动作的灵活性和协调性得到发展。

游戏准备

1. 小推车若干辆（数量与幼儿的人数相等）。

自制红绿灯1个。

2. 1/4场地作为自由驾驶区，另外3/4场地上画几条间距1—1.5米的平行线作为行车道。场地布置如图：

```
┌─────────────────────────┬──────────────────┬─────┐
│    ☺                    │                  │     │
│       ☺                 │                  │ 自  │
│                         │    行            │ 由  │
│    ☺                    │    车            │ 驾  │
│          ☺              │    道            │ 驶  │
│       ☺                 │                  │ 区  │
│                         │                  │     │
└─────────────────────────┴──────────────────┴─────┘
```

■ 游戏玩法

1. 幼儿每人选一辆小车，幼儿扮演司机，教师扮演警察。

2. 游戏开始：警察出示"绿灯"时，司机推着小推车自由驾驶（在场地内四散地走）。

警察出示"红灯"时，司机立即停止不动。

警察发出"请注意——倒车"的指令时，司机推着小车倒着走。

警察发出"请进入行车道"的指令时，司机推着小车向前行走，进入行车道。

警察发出"前方道路拥堵"的指令时，司机在行车道内慢慢驾驶（慢走）。

警察发出"前方道路通畅"的指令时，司机在行车道内一边慢跑一边开车。

警察交替发出"前进""后退""快开""慢开"等指令时，司机根据指令变换驾驶方式。

3. 幼儿扮演警察继续游戏。

■ 游戏规则

1. 司机需要按照警察发出的指令做动作。

2. 在自由驾驶区的司机可以向任意方向开车。但是，进入行车道后，司机就要沿着自己的行车道向同一个方向开车，不得侵占旁边的行车道。

■ 指导建议

1. 本游戏适合4—5岁的幼儿。

2. 教师可以根据幼儿活动的实际情况，灵活调整指令发出的顺序和次数。

3. 当幼儿明确游戏玩法和指令后，可以由幼儿扮演警察。

4. 如果幼儿园的条件有限，小推车的数量不足以满足幼儿进行游戏的，教师也可以自制方向盘，幼儿手持方向盘扮演司机进行游戏。

（游戏"快乐的小司机"参照图1-4）

图1-4　游戏"快乐的小司机"

⑧ 你走，我走，大家走

（游戏设计：王浩、韩燕、苏伟）

■ **游戏名称**

"你走，我走，大家走"。

■ **游戏目标**

1. 愿意参与游戏，体验到游戏带来的乐趣。
2. 练习多种行走方法，腿部肌肉的力量得到锻炼。
3. 注意力和快速反应能力得到提高。

■ **游戏准备**

安全宽敞的场地。

游戏玩法

1. 幼儿分散站在场地中。
2. 游戏开始，教师说："士兵走！"幼儿抬头挺胸、有精神地走。

教师说："小朋友走！"幼儿小碎步快走。

教师说："老爷爷走！"幼儿弯腰放慢脚步走。

教师说："矮人走！"幼儿蹲下来走。

教师说："高人走！"幼儿踮起脚尖走。

教师说："大象走！"幼儿步伐沉重地走。

教师说："小猫走！"幼儿轻轻地走。

3. 教师不断地变换指令，幼儿根据指令行走。
4. 按照与指令相反的动作做，教师说："高人走！"幼儿立刻蹲下来走。

教师说："快快走！"幼儿立刻放慢脚步走。

教师变换其他的指令，幼儿按照相反的指令行走。

5. 教师视幼儿游戏情况把握游戏结束时间。

游戏规则

幼儿需按照教师的指令做相应的动作。

指导建议

1. 本游戏适合4—5岁的幼儿。
2. 教师多使用"士兵走"的指令，让幼儿有更多的机会练习抬头挺胸、有精神地走。
3. 幼儿熟悉游戏玩法后，鼓励幼儿代替教师发出指令，并鼓励幼儿说出与教师不一样的走法。

⑨ 逃跑的机器人

（游戏设计：韩巧巧、赵娜、李静萍）

游戏名称

"逃跑的机器人"。

游戏目标

1. 积极主动地参与游戏，体验到与小朋友们一起做游戏带来的快乐。
2. 练习有节奏地行走，学习疾走急停。

3. 练习听指令快速变换动作，并控制身体保持静止10秒钟。

4. 注意力和抑制力得到发展。

游戏准备

1. 铃鼓1面。
2. 场地的一端画一条直线。

游戏玩法

1. 请3—4名幼儿扮演工程师，其他的幼儿扮演机器人。

2. 机器人成一横排面向场地的中心站在直线后，工程师站在机器人的前面，背对机器人。

3. 游戏开始，教师有节奏地敲击铃鼓，工程师按照节奏有精神地往前走。机器人跟在他们的身后，用机器人的动作一顿一顿地往前走。

4. 教师突然快速敲击铃鼓3声，工程师立刻转身，机器人立刻静止不动。工程师走到任意一个机器人的面前做修理的样子，如轻轻拉一拉机器人的胳膊，点一点耳朵，转一转手示意拧螺丝等。

5. 约10秒钟以后，教师再次开始有节奏地敲击铃鼓，机器人和工程师继续用各自的姿态往前走。

6. 重复前面的情节，直至走到场地的另一端。

7. 教师突然摇动铃鼓并大声说："机器人程序出现障碍！"机器人立刻转身向回跑，工程师立刻转身追赶。

8. 机器人跑到起点线后，工程师不能继续追。被追到的机器人要跳机器人舞（用机器人一顿一顿的动作即兴编排表演）。

9. 游戏结束。

10. 换角色可以再次游戏。

游戏规则

1. 当工程师检修机器人时，机器人要保持静止状态，不能动、不能笑也不能发出任何声音。否则应退回起点线暂停游戏，待下次游戏开始方可重新加入。

2. 当工程师检修机器人时，可以逗机器人笑或者引诱其活动，但不可以用力推或者拉扯。

3. 当机器人逃跑时，跑回到起点线即视为逃跑成功，工程师不可以继续追赶。未达到起点线前，工程师轻轻拍到机器人的任何部位即视为捉到机器人。

4. 机器人被追赶时，只能往起点线跑，不可以往其他的方向跑。

指导建议

1. 本游戏适合5—6岁的幼儿。

2. 宜选择宽敞空旷的安全场地，从起点线到另一端的距离以25—30米为宜。

3. 工程师和机器人行走时，教师的击鼓速度可以逐渐加快，为幼儿创造练习疾走急停的机会，但鼓点要有节奏。

（游戏"逃跑的机器人"参照图1-5）

图1-5 游戏"逃跑的机器人"

❿ 卷白菜

（游戏整理：杨雪扬、邓敏）

游戏名称

"卷白菜"。

游戏目标

1. 积极与小朋友们合作游戏，在游戏中感受到快乐。

2. 可以手拉手，一起侧着身子向前走。

3. 身体的协调性得到发展，合作意识得到培养。

游戏准备

场地布置如图：

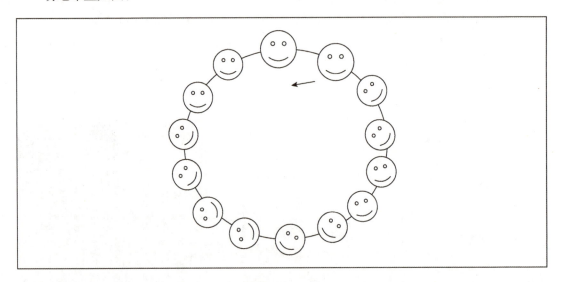

游戏玩法

1. 幼儿面向圆心手拉手站成圈，两名教师相临站在幼儿的队伍中。

2. 游戏开始，两名教师松开拉着的手，其中一名教师带着幼儿向圆内侧身走，一边走一边说："卷，卷，卷白菜。卷，卷，卷白菜……"其他的幼儿一同随着前面的幼儿向圆心侧身走。越走圆圈越小，直至圆心的教师和幼儿紧紧地抱在一起，逐渐所有的幼儿抱在一起。

3. 队尾的教师反转过身体，带着幼儿手拉手向与刚才相反的方向侧身走。幼儿一边走一边说："剥，剥，剥白菜。剥，剥，剥白菜……"逐渐将刚才紧紧抱在一起的队伍打开。

4. 游戏结束。

游戏规则

1. 幼儿在行进时要保持速度一致，不能相互猛拉猛拽，以免出现摔倒或者队伍散乱的现象。

2. 幼儿在行走时要向着同一个方向。

指导建议

1. 本游戏适合4—6岁的幼儿。

2. 5—6岁的幼儿在玩本游戏时，"剥白菜"可以从圆心开始向反方向转逐渐打开。

3. 教师带领队伍"卷白菜"和"剥白菜"可以帮助幼儿控制行进的速度，保证安全。当幼儿完全熟悉游戏玩法后，可以由幼儿自己带队。

第二节 跑

1 球球旅行记

（游戏整理：张平、李赟）

■ **游戏名称**

"球球旅行记"。

■ **游戏目标**

1. 积极主动地参与游戏，在游戏中感受到快乐。
2. 练习听指令向指定方向跑。
3. 身体的协调性得到发展。

■ **游戏准备**

1. 红色、黄色、蓝色、绿色的纸球若干个（总数量为幼儿人数的一半）。4种颜色的小筐各1个。
2. 将纸球放置在场地的一端，小筐放置在场地的另一端。场地布置如图：

■ **游戏玩法**

1. 男孩和女孩分别站在场地的两侧。
2. 情境创设：球球一家要去旅行，旅行时要穿着不同颜色的衣服，住房间时要住和自己衣服颜色相同的房间。幼儿分成男孩组和女孩组，一组负责带球球去旅行，另一组负责送球球到自己的房间里休息。

3. 游戏开始，教师说："球球一家去旅行，住房间的时候要住和自己衣服颜色相同的房间，请小男孩把球球送回房间。"男孩跑过去任意捡起一个纸球，跑到场地的另一端，将纸球放到同样颜色的小筐里，再跑回原处。

4. 教师说："现在请小女孩带球球去旅行。"女孩跑过去从小筐里任意拿起一个纸球，跑到原来放置纸球的一端，将纸球放回原处。

5. 变换男孩和女孩的任务，游戏反复进行。

6. 教师视幼儿的兴趣和体力情况把握游戏结束时间。

■ 游戏规则

1. 幼儿要听到教师的指令后才能跑出。

2. 如果幼儿送球球回房间的颜色与纸球的颜色不同，教师需要求幼儿重新放对才能继续游戏。

■ 指导建议

1. 本游戏适合3—4岁的幼儿。

2. 幼儿熟悉游戏规则后，教师可以变换游戏玩法。例如，取纸球的幼儿可以将纸球放到场地的任何地方。

3. 教师可以在幼儿去取纸球准备送回房间的时候，快速变换小筐的位置，以提高幼儿的反应能力和向指定方向跑的能力。

（游戏"球球旅行记"参照图1-6）

图1-6 游戏"球球旅行记"

❷ 看谁躲得快

（游戏设计：谢珍金、李静萍、王浩）

■ 游戏名称

"看谁躲得快"。

■ 游戏目标

1. 积极主动地参与游戏，喜欢球类活动。
2. 在一定的范围内四散地跑，并能躲闪滚过来的球。
3. 手、眼的协调能力和身体的灵活性得到发展。

■ 游戏准备

1. 彩色皮球若干个（5—6个）。
2. 在场地的一端画一条直线，将皮球放置在直线外。场地布置如图：

■ 游戏玩法

1. 游戏开始，幼儿四散地站立在场地中，教师站在有皮球的场地的一端。教师与幼儿间隔约5—6米。
2. 大家一起说儿歌："小皮球，大皮球，我们一起玩皮球，皮球滚过来喽。"在此期间，幼儿在场地中四散地跑。
3. 儿歌说完后，教师把手中的球快速向幼儿的脚下滚过去。幼儿要四散地跑开并躲闪皮球。

4. 幼儿熟悉游戏玩法后，教师可以逐渐增大难度。教师可以扔出一个球，也可以同时向不同的方向扔出两个球，或者缩短扔球间隔的时间。

游戏规则

1. 幼儿要在教师规定的范围内进行游戏，出界者视为犯规，停止游戏一次。
2. 被球碰到的幼儿停止游戏一次。

指导建议

1. 本游戏适合3—4岁的幼儿。
2. 教师要及时将场上散落的皮球捡回，不要影响幼儿跑动。
3. 教师与幼儿的位置也可以是教师在中间，幼儿在周围。
4. 幼儿熟悉游戏玩法后，可以由幼儿当扔球的人。

（游戏"看谁躲得快"参照图1-7）

图1-7 游戏"看谁躲得快"

③ 小孩，小孩，真爱玩

（游戏整理：李凡、梁佳）

■ 游戏名称

"小孩，小孩，真爱玩"。

■ 游戏目标

1. 参与集体游戏，体验到自由奔跑的快乐。
2. 听指令走和跑。
3. 按照指令变化动作的反应能力得到发展。

■ 游戏准备

周边有墙、树或者大型玩具等物体的宽敞场地。

■ 游戏玩法

1. 幼儿站在教师的周围。
2. 教师和幼儿一起说儿歌："小孩，小孩，真爱玩，摸摸这，摸摸那。"接着，教师继续说："摸摸大树跑回来。"
3. 幼儿立即跑去摸一下大树，再跑回教师的身边。
4. 教师和幼儿再次说儿歌，游戏再次进行。教师可以变换物体的名称，也可以变换"走"或"跑"的指令，幼儿根据指令进行游戏。如"摸摸大型玩具走回来"，幼儿则跑过去摸一下大型玩具，然后走回教师的身边。

■ 游戏规则

1. 教师说完"跑/走回来"后，幼儿才能开始行动。
2. 幼儿要触摸到教师指令中的物体后才能返回，不能看到其他的幼儿往回跑了就跟着往回跑。

■ 指导建议

1. 本游戏适合3—4岁的幼儿。
2. 教师的指令要让幼儿走与跑交替进行，动静结合，避免幼儿过于疲劳。
3. 教师要充分利用场地中不同方位的物体做游戏，有助于引导幼儿熟悉环境，并促进幼儿的空间知觉发展。

（游戏"小孩，小孩，真爱玩"参照图1-8）

图1-8 游戏"小孩，小孩，真爱玩"

❹ 小鸟找家

（游戏设计：韩巧巧、赵娜、孟帆）

■ 游戏名称

"小鸟找家"。

■ 游戏目标

1. 能情绪愉快地参与游戏，并感受到游戏带来的快乐。
2. 能沿直线方向快跑。
3. 注意力的分配和转移能力有所发展。

游戏准备

1. 呼啦圈若干个（数量与幼儿的人数相等）。

自制小虫子若干个。

轻快的音乐。

2. 场地上画两个大圆圈，一个圆圈当作花园，将小虫子散放在其中。另一个圆圈上放呼啦圈，当作小鸟的家。场地布置如图：

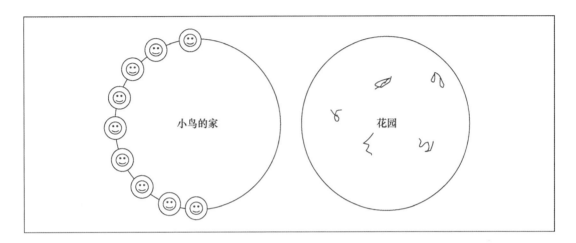

游戏玩法

1. 场地的一端放置与幼儿人数相等的呼啦圈当作小鸟的家，幼儿蹲在呼啦圈内扮演小鸟，一人一个呼啦圈。一名教师扮演鸟妈妈，另一名教师扮演老鼠。

2. 情境创设：小鸟飞到花园里，它们一会儿捉虫子，一会儿跳舞。这时候，老鼠悄悄地偷走了小鸟的家。下雨了，小鸟飞回家，可是因为小老鼠偷走了小鸟的家，所以有的小鸟就找不到家了。怎么办呢？有家的小鸟邀请找不到家的小鸟来自己家里，大家高高兴兴地住在一起。

3. 游戏开始，录音机播放音乐，鸟妈妈说："天亮了，鸟宝宝们，快醒来去捉虫吃了！"小鸟齐说："春天到，天气好，小鸟出去把虫找！"小鸟跟随鸟妈妈跑向场地另一端的花园，随音乐自由地跳舞或捉虫子。

4. 在小鸟和鸟妈妈跳舞的时候，另一名教师扮演的老鼠跑出来拿走1—2个小鸟的家。

5. 突然，鸟妈妈惊讶地说："下雨了！"此时，小鸟迅速跑回家。已进家的小鸟可以请找不到家的小鸟到自己家里同住。

游戏规则

1. 说完儿歌后小鸟才能飞出去捉虫子。教师说完"下雨了",小鸟才能往家里跑。
2. 每个家里只能住一只小鸟。没有找到家的小鸟,接到邀请后才能进入别人的家。

指导建议

1. 本游戏适合3—4岁的幼儿。
2. 花园和家之间的距离应不少于10米,以保证幼儿跑的练习量。
3. 跑的动作可以由幼儿自由选择,可以自然跑,也可以模仿跑,给幼儿充分的自主空间。
4. 幼儿可以随音乐自由奔跑或跳舞,也可以由教师带领跳舞。
5. 游戏前,教师最好组织幼儿观察小鸟的形态和活动,或学习有关小鸟的歌曲和舞蹈,看相关的图片和视频。
6. 教师要突然发出"下雨了"的指令,以促进幼儿注意力和快速反应能力的发展。
7. 教师要鼓励幼儿自己找到家后,帮助没有找到家的幼儿,或者请他们到自己家里来,以培养幼儿互相关心、乐于助人的好品德。

(游戏"小鸟找家"参照图1-9)

图1-9 游戏"小鸟找家"

5 老猫睡觉醒不了

（游戏整理：韩燕、王浩、凌燕）

■ 游戏名称

"老猫睡觉醒不了"。

■ 游戏目标

1. 喜欢参与集体游戏，并感受到参与游戏的快乐。
2. 学习轻轻地走和跑。
3. 控制和支配身体动作的能力得到提高。

■ 游戏准备

1. 小猫的头饰若干个（数量与幼儿的人数相等）。
2. 幼儿会说儿歌。
3. 元素较为丰富的场地（如含有大型玩具、玩具小屋、大树、花池等）。场地布置如图：

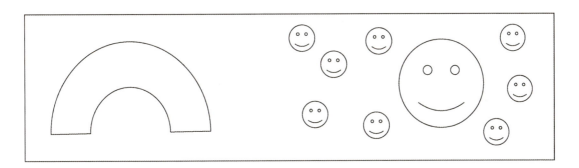

■ 游戏玩法

1. 教师扮演老猫，蹲在场地的中央，闭眼假装睡着了。
2. 幼儿扮演小猫，小猫蹲在老猫的旁边一起轻声说儿歌："老猫睡觉醒不了，小猫偷偷往外瞧，因为小猫爱游戏，轻轻走到外边去。"
3. 说完儿歌，小猫轻轻地走到场地的周围藏起来。
4. 老猫伸个懒腰，揉揉眼睛，说："老猫睡醒四面瞧，咦？我的小猫不见了。"同时站起来四处张望，寻找小猫。当老猫发出"喵——喵——"的叫声时，小猫马上跑回老猫的身边。

■ 游戏规则

1. 小猫听到老猫的叫声后才能往回跑。
2. 小猫要轻轻地走和跑，特别是在老猫睡觉的时候，小猫不能把老猫吵醒。

■ 指导建议

1. 本游戏适合3—4岁的幼儿。
2. 教师应注意游戏场地的安全，选择幼儿可以躲藏的场地。
3. 教师提示幼儿，在听到"喵喵"的叫声后，要轻轻地走或者跑回老猫的身边，避免幼儿相互拥挤。
4. 延伸游戏：待幼儿熟悉游戏玩法后，教师可以增加拱形门、小垫子等器械。老猫可以说："老猫睡醒四面瞧，我的小猫不见了，喵——喵——请我的小猫钻过拱形门快回来"或者"请我的小猫爬过垫子快回来"。小猫听到呼唤，需要按照老猫说的方式回到其身边。

6 会跑的稻草人

（游戏整理：李赟、马迪）

■ 游戏名称

"会跑的稻草人"。

■ 游戏目标

1. 喜欢参与集体游戏，并感受到游戏带来的快乐。
2. 在一定的范围内躲闪跑。
3. 快速反应能力得到提高。

■ 游戏准备

跳绳若干根（数量与幼儿的人数相等），可以系在头上的毛巾1条。

游戏玩法

1. 一名幼儿扮演农民，在头上系上毛巾。其他的幼儿扮演稻草人。

2. 每个稻草人手拿一根跳绳，双脚与肩同宽踩住跳绳，双手举起将跳绳拉直。

3. 游戏开始，农民一边说："天亮了，去种地。咦？我的稻草人不见了！稻草人——稻草人——你们在哪里？"，一边做四处寻找观望的样子。此时，所有的稻草人保持刚才的姿势在场地内四散地行走。

4. 农民喊："稻草人——快回家——稻草人——快回家——"稻草人马上把跳绳对折几次握在手中。

5. 农民喊："别等我来抓住你！"说完这句话，稻草人立刻在场地内四散地躲闪跑，农民追逐。

6. 被农民轻拍身体任何部位的稻草人即视为被抓住，这个稻草人立刻变为农民，大声喊"我是农民"后，去抓其他的稻草人。

7. 稻草人在农民抓住自己之前，可以大声喊"石头人"，同时立刻站住，保持一个姿势不动。农民不可以抓变成石头人的稻草人。

8. 追逐40秒左右，教师大声说："天黑了！"所有的稻草人恢复最初的状态，双脚与肩同宽踩住跳绳，双手举起，站立不动。

9. 游戏结束。

游戏规则

1. 变成石头人的稻草人不可以再动，直到其他的稻草人轻拍他/她的手，才可以重新跑。

2. 变成农民的稻草人要大声喊"我是农民"后，才可以去抓其他的稻草人，否则即使抓到了稻草人也不算。

3. 稻草人走的时候必须双脚踩着绳子。

4. 稻草人跑的时候要握紧跳绳。

指导建议

1. 本游戏适合4—6岁的幼儿。

2. 幼儿熟悉游戏规则后，教师可以改变游戏玩法。例如，稻草人改为踩绳双脚行进跳。

（游戏"会跑的稻草人"参照图1-10）

图1-10　游戏"会跑的稻草人"

❼ 揪住狐狸的长尾巴

（游戏设计：赵娜、韩巧巧、骆春圆）

■ 游戏名称

"揪住狐狸的长尾巴"。

■ 游戏目标

1. 积极主动地参与游戏，能自觉遵守游戏规则。
2. 在一定的范围内四散地躲闪跑。
3. 动作的灵活性和身体的协调性得到发展。

■ 游戏准备

1. 长布条若干条（数量与幼儿的人数相等）。
   呼啦圈若干个（数量与幼儿的人数相等）。
2. 幼儿会说儿歌。

3. 将呼啦圈在场地中摆成一个大圆圈。

游戏玩法

1. 幼儿将长布条掖在身后的裤子里当作尾巴，每个人站在一个呼啦圈内。教师扮演猎人，站在圆圈的边上。

2. 游戏开始，大家一起说儿歌："花狐狸，真狡猾，还是一个馋嘴巴，专门爱吃小动物，猎人快快抓住它！"

3. 说完儿歌，猎人向圆圈内跳一大步，大声说："我是小猎人，揪住狐狸的长尾巴！"说完，狐狸立刻在圆圈内四散地躲闪跑，猎人去追狐狸，揪下狐狸的尾巴。

4. 追逐跑30—40秒后，猎人说："狐狸钻进洞里了。"每只狐狸站进一个呼啦圈里。

5. 猎人清点手中的尾巴。

6. 游戏结束。

游戏规则

1. 只有当猎人说完"揪住狐狸的长尾巴"后，才能去追狐狸，也只有这句话说完，狐狸才能四散地跑。

2. 被捉住尾巴的狐狸站到呼啦圈里暂时停止游戏，待下一次游戏开始方可重新进入。

3. 猎人揪下一条尾巴后，要马上继续去追其他的狐狸，不要等待。

指导建议

1. 本游戏适合4—6岁的幼儿。

2. 场地以宽阔平坦为宜，场地的太小容易造成幼儿之间的相互碰撞。

3. 幼儿熟悉游戏玩法后，猎人的角色可以由幼儿来承担。猎人的数量也可以由1人增加至2人，甚至更多。

4. 选择和确定哪一名或者哪几名幼儿是猎人的时候，教师可以让幼儿面向圆心站好，闭上眼睛。教师在幼儿的身后走动，轻轻揪下某名幼儿身后的尾巴，这名幼儿就是这一次游戏中的猎人。教师不断地变换猎人，能够增加幼儿游戏的兴趣。

5. 教师引导幼儿通过游戏体验总结一些躲闪的技巧，例如：突然快速起动摆脱对手，突然变换方向跑，利用场上的障碍物与对手周旋等。追逐也有技巧，例如：选择距离自己最近或跑得慢的狐狸作为捕捉对象；突然变换目标，出其不意地抓住旁边的狐狸等。

（游戏"揪住狐狸的长尾巴"参照图1-11）

图1-11　游戏"揪住狐狸的长尾巴"

⑧ 狼和小羊

（游戏设计：赵娜、韩巧巧、马晨）

■ 游戏名称

"狼和小羊"。

■ 游戏目标

1. 喜欢与小朋友们一起做游戏，并感受到参与游戏的快乐。
2. 在一定的范围内四散地追捉跑和躲闪跑，对身体动作的控制能力得到提高。
3. 集中注意力的能力和反应速度得到提高。

■ 游戏准备

场地上画一个大大的圆圈。

■ 游戏玩法

1. 幼儿扮演小羊，教师扮演羊妈妈。
2. 游戏开始，所有的小羊跟在羊妈妈的身后，一边走一边说儿歌："我们都是小绵羊，跟着妈妈学本领，小伙伴们要当心，看见老狼要躲藏！"

3. 说到"藏"这个字的时候,所有的小羊立刻蹲下。

4. 羊妈妈一边走一边说:"羊群里面有只狼,不知藏在啥地方,小羊小羊要当心,认出它来好提防。"说完儿歌,羊妈妈摸任意一名幼儿的头,这名幼儿即是藏在羊群里的大灰狼。

5. 小羊在场地内四散地躲闪跑,大灰狼追赶捕捉小羊。

6. 追捉30—40秒后,游戏结束。

7. 更换扮演大灰狼的幼儿,游戏重新开始。

▇ 游戏规则

1. 小羊必须在场地的圆圈内跑,出界者视为犯规,需要站在圈外暂停游戏。

2. 被捉住的小羊要站到圈外暂停游戏,待下一次游戏开始方可加入。

▇ 指导建议

1. 本游戏适合4—6岁的幼儿。

2. 羊妈妈在说儿歌的时候,可以将"提"字拉长声音,选定大灰狼后突然快速说出最后一个字"防",以提高角色出现的突然性。这样的变化可以使游戏增加不确定性,提高幼儿的兴趣。

3. 教师可以借助场地已有条件,设置小羊的家,例如大树。大灰狼不可以捕捉跑回家的小羊。这样的设计可以让体力较弱的幼儿有暂时休息的场所,也可以使心理紧张的幼儿得到安全感。如果场地的周围没有适宜当作家的东西,羊妈妈也可以作为小羊的保护者,大灰狼不可以抓躲在羊妈妈身边的小羊。

(游戏"狼和小羊"参照图1-12)

图1-12 游戏"狼和小羊"

⑨ 切西瓜

（游戏整理：赵娜、韩巧巧、郭宏）

■ 游戏名称

"切西瓜"。

■ 游戏目标

1. 积极参与游戏活动，并感受到游戏带来的快乐。
2. 能围绕圆形快速跑。
3. 竞争意识得到培养。

■ 游戏准备

宽敞安全的场地。

■ 游戏玩法

1. 幼儿手拉手围成一个大圆圈，推选一名幼儿扮演切瓜人。
2. 幼儿一起说儿歌："切、切、切西瓜，不切一个就切俩！"与此同时，切瓜人在圆圈内沿圆圈的边缘按照儿歌的节奏走。每走一步，幼儿用手模仿切瓜的动作，并轻击其他幼儿拉着的手。
3. 当说到最后一个字"俩"的时候，切瓜人双手合十，将两名幼儿拉着的手切开。被切开的两人迅速放开手，转身在圈外沿圆圈跑一周后回到原位。
4. 先回到原位的幼儿与切瓜人交换角色和位置，游戏重新开始。

■ 游戏规则

1. 被切开的两名幼儿要向相反方向跑，站在左边的幼儿向左边跑，站在右边的幼儿向右边跑。
2. 幼儿要沿着圆圈的外沿跑，不能跑到其他的地方。
3. 切瓜人切西瓜的时候要按照儿歌的节奏挨着切，不能时快时慢，或者隔过某两名幼儿拉着的手不切。
4. 被切开的两名幼儿跑出去后，与他们相邻的两名幼儿不能拉起手，要留下开口让跑的两人知道终点在哪里。

■ 指导建议

1. 本游戏适合4岁以上的幼儿。

2. 幼儿起跑时容易跑错方向，最初做游戏的时候教师可以用手势引导幼儿跑的方向。

（游戏"切西瓜"参照图1-13）

图1-13　游戏"切西瓜"

⑩ 猫捉老鼠

（游戏设计：韩巧巧、赵娜、凌燕）

■ 游戏名称

"猫捉老鼠"。

■ 游戏目标

1. 喜欢参与集体游戏，并保持情绪愉快。
2. 练习直线快速跑和追逐跑。
3. 身体的灵活性和协调性得到提高。

■ 游戏准备

1. 长绳若干根（长度约为1.2米，数量为幼儿人数的一半），在长绳的末端粘一张纸。

2. 幼儿会说儿歌。

3. 场地布置如图：

终点线		老鼠起跑线	小猫起跑线
		相距1.8—2米	

■ 游戏玩法

1. 幼儿分成人数相等的两组，一组幼儿扮演小猫，另一组幼儿扮演老鼠。

2. 将长绳的一端掖在老鼠的裤腰里，粘有纸张的一端为尾巴的末端，拖在地上。

3. 老鼠和小猫分别成一横排站在各自的起跑线后。

4. 游戏开始，幼儿一起说儿歌："小老鼠，吱吱吱，它敢跟我来赛跑！准备好，小老鼠，快把尾巴保护好，别让我把它踩掉。"

5. 说完儿歌，老鼠快速跑向终点线。小猫在后面追踩老鼠的尾巴。

6. 老鼠跑过终点线后，清点有几只老鼠的尾巴被踩掉。

7. 游戏结束。

8. 交换角色，重新粘好纸，游戏重新开始。

■ 游戏规则

1. 幼儿说完"老鼠"两个字后才能跑，跑的时候不能将尾巴拿在手里。

2. 幼儿说完最后一个字，小猫才能追老鼠，追的时候只能用脚踩尾巴末端的纸。

3. 小猫不能追已经跑过终点线的老鼠。

■ 指导建议

1. 本游戏适合4—5岁的幼儿。

2. 终点线与老鼠起跑线之间的距离约为15米，教师也可以根据幼儿的具体情况适当延长或缩短。

3. 小猫踩掉纸后，要继续踩其他老鼠尾巴上的纸。

⑪ 圆圈接力跑

（游戏设计：杨雪扬、孙佳丽）

■ 游戏名称

"圆圈接力跑"。

■ 游戏目标

1. 积极主动地参与游戏，并感受到合作游戏带来的快乐。
2. 练习沿圆圈快速跑。
3. 身体的灵活性和协调性得到提高。

■ 游戏准备

1. 锥筒4个。
2. 将锥筒分别放置在圆形场地的四等分处。场地布置如图：

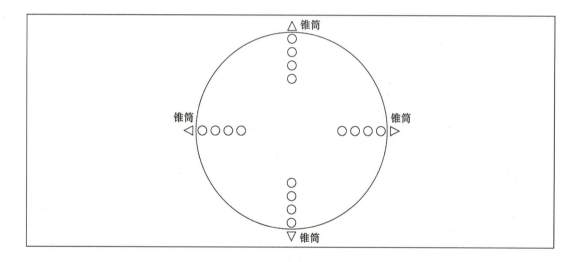

■ 游戏玩法

1. 幼儿分成4组，排成纵队，分别对着一个锥筒站在大圆圈内。
2. 游戏开始，各组排头的幼儿听教师的指令，沿大圆圈按逆时针方向快速跑，跑完一圈回到自己队伍的位置，与本组第二名幼儿击掌后，站到本组队伍的最后。
3. 各组第二名幼儿出发。游戏循环进行。
4. 所有的幼儿均跑完一遍后，游戏结束。

5. 请幼儿说一说沿圆圈跑的时候怎样能又快又安全。
6. 请幼儿用同样的方法按顺时针方向竞赛，最先完成游戏的一组获胜。

■ 游戏规则

1. 所有的幼儿要向同一个方向奔跑。
2. 要求幼儿沿着圆圈的外沿跑，不能跑到其他的地方。
3. 幼儿只能与本组幼儿接力跑，不能跑到其他组的位置。
4. 在竞赛时，前一名幼儿跑回后要与下一名幼儿击掌，下一名幼儿方可发出。

■ 指导建议

1. 本游戏适合5—6岁的幼儿。
2. 如果幼儿人数较少，也可以分成两组，分别由圆形场地二等分的位置起跑。
3. 圆圈的大小以直径6—8米为宜。若直径太大，幼儿的跑动距离太长，容易疲劳，且其他幼儿等待时间也较长；若直径太小，幼儿过于密集，不利于快速奔跑。

（游戏"圆圈接力跑"参照图1-14）

图1-14　游戏"圆圈接力跑"

⑫ 狼与山羊

（游戏设计：韩巧巧、赵娜、骆春圆）

■ 游戏名称

"狼与山羊"。

■ 游戏目标

1. 喜欢参与集体游戏，并感受到参与游戏的快乐。
2. 在一定的范围内四散地躲闪跑和追逐跑。
3. 身体的协调性和灵活性得到发展。

■ 游戏准备

1. 垫子3—4块。
小羊的头饰若干个（数量比幼儿的人数少1个）。
2. 场地布置如图：

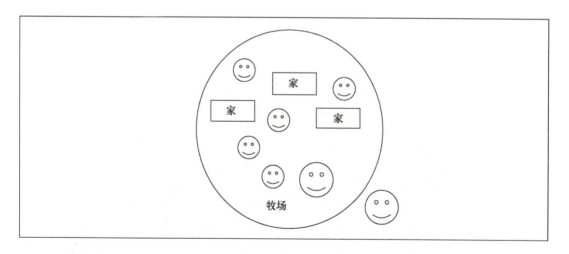

■ 游戏玩法

1. 画一个直径为10米的圆圈当作牧场。场内放置几块垫子当作山羊的家。一名教师扮演羊妈妈，幼儿扮演小山羊，小山羊和羊妈妈在牧场里四散地站好。另一名教师蹲在牧场边上扮演大灰狼。

2. 游戏开始，小山羊跟着羊妈妈说儿歌："小山羊，短尾巴，头上长出小犄角。去找草吃别离群，老狼来了快快跑。"说完儿歌后，小山羊四散地跑。

3. 听到羊妈妈喊"大灰狼来啦"时，大灰狼从躲藏处跑出去捉四散躲闪的小山羊和羊妈妈，小山羊在牧场内四散地躲闪跑，也可以跑回家躲避。

4. 被捉到的小山羊退到牧场外暂停游戏。

5. 羊妈妈说："猎人来了！"时，大灰狼马上跑到牧场边上蹲下双手抱头不动，小山羊围拢过来找羊妈妈。

6. 被抓到的小山羊和大灰狼互换角色，游戏重新开始。

游戏规则

1. 当羊妈妈喊出"大灰狼来啦"后，大灰狼才能跑出去捉小山羊。

2. 大灰狼不能抓已经跑进家里的小山羊。

3. 大灰狼轻拍小山羊的身体即视为抓住小山羊，不能拉拽小山羊的衣服。

4. 被抓住的小山羊退到牧场外暂停游戏。

指导建议

1. 本游戏适合4—5岁的幼儿。

2. 幼儿熟悉游戏玩法后，可以由幼儿扮演羊妈妈和大灰狼，给幼儿当带头人的机会。

（游戏"狼与山羊"参照图1-15）

图1-15 游戏"狼与山羊"

⓭ 我们都是好朋友

（游戏设计：韩巧巧、赵娜）

■ 游戏名称

"我们都是好朋友"。

■ 游戏目标

1. 喜欢参与集体游戏，并感受到参与游戏的快乐。
2. 在一定的范围内四散地躲闪跑和追逐跑。
3. 身体的灵活性和快速反应的能力得到提高。

■ 游戏准备

1. 幼儿会唱歌曲《当我们同在一起》。
2. 场地上画一个直径大约20米的圆圈。

■ 游戏玩法

1. 幼儿自愿结合，4人一组，手拉手站在画好的圆圈内。一名幼儿扮演暴风雨站在圆圈外。
2. 游戏开始，幼儿一起一边唱歌曲《当我们同在一起》，一边向同一个方向有节奏地走。
3. 当幼儿唱到任何一句时，教师突然大声说："暴风雨来了！"圈外扮演暴风雨的幼儿立刻跑进圆圈内追逐幼儿。幼儿四散地躲闪，被追到的幼儿退到圈外。
4. 奔跑40秒左右，教师说："暴风雨过去了！"幼儿迅速寻找本组其他的幼儿，在圆圈内拉起手来。刚才被抓到的幼儿回到本组，重新加入游戏。同时，扮演暴风雨的幼儿退到圈外。
5. 幼儿唱歌，游戏继续进行。
6. 教师视幼儿的体力和情绪状况把握游戏结束时间。

■ 游戏规则

1. 听到教师说完"暴风雨来了"后，扮演暴风雨的幼儿才能进圆圈内追逐幼儿。其他的幼儿也只有在教师说完这句话后，才能松开拉着的手开始躲闪跑。
2. 扮演暴风雨的幼儿轻拍其他的幼儿即视为抓住，不能用力拉扯其他的幼儿，避免其他的幼儿摔倒。
3. 被抓住的幼儿要退到圈外，暂停游戏，等本次游戏结束后再重新加入。

■ 指导建议

1. 本游戏适合4—5岁的幼儿。
2. 每名幼儿扮演暴风雨时,可以连续追逐两次,之后可以轮换其他的幼儿扮演暴风雨。
3. 幼儿在跑动时不要手拉手,以免出现危险。

⑭ 狐狸与小鸡

(游戏设计:赵娜、韩巧巧、李静萍)

■ 游戏名称

"狐狸与小鸡"。

■ 游戏目标

1. 积极主动地参与游戏,体会游戏带来的快乐。
2. 练习在一定的范围内四散地躲闪跑和追逐跑。
3. 快速反应能力和身体的灵活性得到提高。

■ 游戏准备

1. 狐狸的头饰1个。
2. 幼儿会说儿歌。

■ 游戏玩法

1. 幼儿手拉手站成一个大圆圈。
2. 游戏开始,幼儿闭上眼睛,一起说儿歌:"花狐狸,真狡猾,躲在鸡群里,藏起大尾巴。挨个看,细细查,找到就要躲开它。"与此同时,教师在圈外轻轻地走到任意一名幼儿的身后,将头饰戴在这名幼儿的头上。
3. 说完儿歌的最后一个字后,戴头饰的幼儿跳向圆圈内,大声说:"我是狐狸!"其他的幼儿迅速四散地躲闪跑,狐狸追逐捕捉小鸡。
4. 约40秒后,教师示意停止,并说:"花狐狸溜走了!"狐狸停止追赶,大家一起清点被狐狸抓到的小鸡。
5. 所有的幼儿手拉手站成一个大圆圈,换另一名幼儿扮演狐狸,游戏重新开始。

■ 游戏规则

1. 教师在选狐狸时,小鸡要闭上眼睛。

2. 说完儿歌后,狐狸才能跳进圆圈内,说完"我是狐狸"后才能追捉小鸡。

3. 被抓到的小鸡要站在圈外暂停游戏,待下次游戏开始后重新加入。

指导建议

1. 本游戏适合4—6岁的幼儿。

2. 幼儿熟悉游戏玩法后,可以不使用头饰,以使狐狸更加隐蔽,从而增加游戏的挑战性和幼儿的兴趣。

(游戏"狐狸与小鸡"参照图1-16)

图1-16 游戏"狐狸与小鸡"

⑮ 仔细听,快快跑

(游戏设计:赵娜、韩巧巧、李岩)

游戏名称

"仔细听,快快跑"。

游戏目标

1. 积极主动地参与游戏,能自觉遵守游戏规则。

2. 在一定的范围内直线快跑和急停。

3. 注意力和快速反应能力得到提高。

游戏准备

1. 幼儿会说儿歌。

2. 场地的中间画两条平行线，间距2米左右。在场地的两端距离场地边缘4米左右处各画一条直线，分别作为小松鼠的家和小猫咪的家。场地布置如图：

游戏玩法

1. 游戏开始，幼儿分成人数相等的两组，一组扮演小猫咪，一组扮演小松鼠，分别站在各自的家里。

2. 教师和幼儿一起说儿歌："小猫咪，小松鼠，大家一起来赛跑，要注意，听指令，叫到谁来谁快跑。"幼儿一边说儿歌，一边在各自的家里拍节奏自由走。

3. 教师发出小猫咪的指令，扮演小猫咪的幼儿就向中间的平行线跑。

4. 教师发出小松鼠的指令，扮演小松鼠的幼儿就向中间的平行线跑，同时扮演小猫咪的幼儿立刻原地站住。

5. 教师任意重复发出小猫咪或者小松鼠的指令，幼儿按照教师的指令跑或者停。教师也可以发出"小猫咪，小松鼠"的指令，所有的幼儿可以同时向中间跑。

6. 当幼儿跑到中间的平行线处，教师发出"小猫咪追"的指令，扮演小松鼠的幼儿要立刻转身跑回自己的家，而扮演小猫咪的幼儿要快跑追住小松鼠。教师也可以发出"小松鼠追"的指令。

7. 当扮演小松鼠的幼儿全部跑回家后，教师清点被抓到的小松鼠，游戏结束。

游戏规则

1. 教师说出一方的名字后，另一方要立刻站住，不能继续跑动。

2. 幼儿跑到中间的平行线后不能越过平行线，但可以在线上做好准备，随时等待教师发出追逐的指令。待教师发出追逐的指令后，追逐的一方可以越过平行线追逐另一方。

3. 被追逐的幼儿跑到自己家里后，对方要停止追逐。

指导建议

1. 本游戏适合5—6岁的幼儿。

2. 两组幼儿向中间的平行线跑的过程中，教师可以快速变换指令，也可以反复说出同样的指令，以便提高游戏的变化和趣味。

3. 当教师发出追逐的指令时，可以故意拖长"小"字，然后突然快速地说出后面的猫咪或者松鼠，这样可以锻炼幼儿的注意力和快速反应能力，提高幼儿游戏的兴趣。

4. 如果场地的条件比较好，可以将游戏的前半部分调整成小猫咪和小松鼠向中间平行线手脚着地爬行，教师发出追逐的指令后，再起身跑和追。这样可以增强幼儿对游戏的兴趣。

（游戏"仔细听，快快跑"参照图1-17）

图1-17 游戏"仔细听，快快跑"

16 蜻蜓点水

（游戏设计：刘学艳、张金红）

■ 游戏名称

"蜻蜓点水"。

■ 游戏目标

1. 积极主动地参与游戏，能自觉遵守游戏规则。
2. 在一定的范围内快速奔跑。
3. 注意力及身体动作的控制能力得到提高。

■ 游戏准备

1. 沙包若干个（数量为幼儿人数的一半）。
2. 幼儿见过蜻蜓点水的样子。
3. 场地的两端各画一条直线。场地布置如图：

■ 游戏玩法

1. 幼儿自愿结合，两人一组，其中一组幼儿站在场地一端的直线处，面向场外，用手托住一个沙包并放在身后。另一组幼儿面向场内，站在场地另一端的直线处。
2. 游戏开始，手托沙包的幼儿闭上眼睛，静静地听身后的动静。
3. 另一组幼儿看教师的手势，尽量控制自己的动作，悄悄地走向前方自己对着的幼儿。走到幼儿身后的时候，轻巧而且快速地拿走其手中的沙包，然后迅速转身往回跑。
4. 手托沙包的幼儿感觉到沙包被拿走时，立即转身追赶。
5. 被追赶的幼儿跑回出发的直线处后，游戏结束。

6. 幼儿交换角色，游戏重复进行。

游戏规则

1. 拿沙包的幼儿只能用手轻轻托住沙包，不准紧握沙包不放，也不能回头看。
2. 取沙包的幼儿没有拿到沙包时不能往回跑。

指导建议

1. 本游戏适合5—6岁的幼儿。
2. 教师要引导幼儿在游戏时动作要轻，好似蜻蜓点水一样，尽量不要让对方察觉到自己的动作。

（游戏"蜻蜓点水"参照图1-18）

图1-18 游戏"蜻蜓点水"

17 水果运输队

（游戏设计：杨雪扬）

游戏名称

"水果运输队"。

游戏目标

1. 喜欢参与团队游戏，愿意为团队的胜利而努力。

2. 能灵活地绕过障碍跑。

3. 灵活跑的能力和动作的控制能力得到提高。

游戏准备

1. 废旧轮胎若干个（12个左右）。

各种水果玩具若干个（数量约为幼儿人数的2倍）。

玩具筐8个。

2. 教师将水果分成4份，分别装在4个玩具筐里。装有水果的筐放在起跑线上，空的玩具筐放在终点线上。场地布置如图：

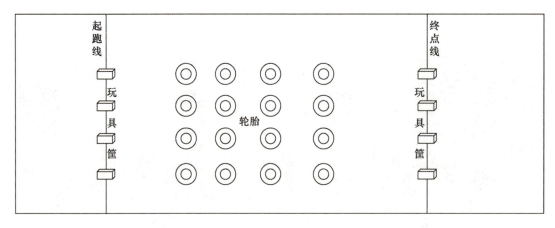

游戏玩法

1. 幼儿扮演士兵，分成4列纵队站在起跑线后。

2. 游戏开始，教师说："今天，我们的任务是给部队运输水果。各小队准备，出发！"，同时开始计时。每列纵队的第一名士兵拿起1个水果，以S形绕过本队前方的4个障碍跑向终点线，将手中的水果放到空玩具筐里，然后转身往回跑，仍然要以S形绕过4个障碍。拍本队下一名士兵的手后排到队尾，下一名士兵出发。

3. 各队循环往复，直至两分钟计时结束，停止游戏。各队统计运到终点线的水果的数量，以超过某一数量为优胜队，例如超过10个水果。

游戏规则

1. 每名士兵每次只能运输1个水果。

2. 计时没有结束前，即使各队每名士兵都跑过一次，仍可按照顺序继续运输。

指导建议

1. 本游戏适合5—6岁的幼儿。

2. 教师可以根据每队幼儿的人数适当调整游戏计时的时间，以每名幼儿能够参与两次游戏为宜。

3. 在一定的时间内，运输的水果超过一定数量即为优胜队。教师可以让更多队的幼儿有机会赢得胜利，以激发幼儿赢得胜利的热情。

4. 教师也可以变换竞赛方式，例如各队每名士兵运输一次，本队全部完成运输任务时游戏结束，用时最短的小队获胜。

18 人、枪、虎

（游戏整理：韩巧巧、赵娜）

■ 游戏名称

"人、枪、虎"。

■ 游戏目标

1. 积极主动地参与游戏，能自觉遵守游戏规则。
2. 练习快速直线追捉跑，动作灵活协调。
3. 注意力、快速反应能力和动作控制能力得到提高。

■ 游戏准备

1. 幼儿懂得人、枪、虎3种手势、含义以及三者之间的关系。人，双手交叉抱肩。枪，双手的食指和拇指伸出，其他的手指蜷起。虎，用双手在耳边做爪状。人可以支配枪，枪可以打虎，虎可以伤人。因此，人追枪，枪追虎，虎追人。

2. 场地的两端画两条间距为20—30米的平行线为安全线，两线中间画两条间距为1—1.5米的平行线为起跑线。场地布置如图：

游戏玩法

1. 幼儿分为人数相等的甲、乙两队，分别站在起跑线的两侧，面对面站好。

2. 游戏开始，甲、乙两队的幼儿两两一对，两人同时说出"人、枪、虎"。说完最后一个字时，两人同时做出人、枪、虎中的任何一个手势。根据两人做出的手势进行追逐跑。跑的一方向自己身后的安全线跑，追的一方在对方没有跑到安全线之前追到对方即为赢。如果对方跑过安全线，就不能继续再追。

3. 捉住幼儿得1分，累计分数多的一队获胜。

游戏规则

1. 在做手势时，幼儿不能超过起跑线。

2. 跑的一方跑过安全线后，追的一方便不可继续再追。如果追上对方，只需轻轻拍一下，不准用力拍打或推拉对方。

指导建议

1. 本游戏适合5—6岁的幼儿。

2. 教师应在幼儿熟练掌握人、枪、虎的手势后再进行完整的游戏。教师应让幼儿先学会表示每个角色的动作，然后再弄清楚三者的关系，并能快速正确地做出判断。

3. 幼儿一般是从自己的喜好出发，经常使用枪和虎的手势，不爱使用人的手势。在做游戏时，教师要帮助并启发幼儿，先猜想对方可能使用的手势，然后再决定自己的手势，培养幼儿根据客观情况来决定自己行为的习惯。

19 吃毛桃

（游戏整理：杨雪扬）

游戏名称

"吃毛桃"。

游戏目标

1. 积极主动地参与集体游戏，并感受到与小朋友们一起做游戏带来的快乐。

2. 练习快速沿圆形路线奔跑和追逐跑。

3. 腿部的肌肉得到锻炼，身体的灵活性得到提高。

游戏准备

幼儿会说儿歌及相关对话。

游戏玩法

1. 幼儿站成一个大圆圈,所有的幼儿面向圆心蹲下。
2. 教师请任意一名幼儿扮演吃毛桃人,吃毛桃人站在其他幼儿的身后。
3. 游戏开始,幼儿一起说儿歌:"吃啊吃啊吃毛桃,吃得我心里怪难受,我走一走,我跳一跳,找个门墩儿我坐一坐。"与此同时,吃毛桃人在圈外沿圆形向一个方向走,当说到"我跳一跳"的时候,吃毛桃人单脚向前行进跳。当说到"找个门墩儿我坐一坐"的时候,吃毛桃人任意找到一名幼儿,轻轻坐在这名幼儿的背上。
4. 被坐的门墩儿问:"你干嘛来了?"

吃毛桃人回答:"我吃毛桃来了。"

门墩儿继续问:"那你怎么不回家啊?"

吃毛桃人回答:"天黑了,我找不到家了。"

门墩儿说:"那我送送你吧!"

在两人对话期间,其他的幼儿蹲在圆圈上不动。

5. 吃毛桃人立刻起身沿圆圈在幼儿的身后快速奔跑一圈,扮演门墩儿的幼儿也立刻起身追赶。如果没追上,吃毛桃人与扮演门墩儿的幼儿互换角色和位置,游戏再次开始。如果追上了,吃毛桃人在圆圈内做原地向上纵跳10次,之后与扮演门墩儿的幼儿互换角色和位置,游戏再次开始。
6. 教师视幼儿的情绪和兴趣,或与幼儿协商游戏结束时间。

游戏规则

1. 只有扮演门墩儿的幼儿说完"那我送送你吧"这句话后,吃毛桃人才能起身跑,扮演门墩儿的幼儿才能开始追。
2. 吃毛桃人要沿着圆圈的外沿快速跑,不能跑到其他的地方。如果跑到其他的地方,则视为被抓住。
3. 吃毛桃人要轻轻地坐在幼儿的背上,不能将自身重量和重心完全压在幼儿的身上,避免将其压倒。

指导建议

1. 本游戏适合4岁以上的幼儿。
2. 教师要提示吃毛桃人选择没有扮演过门墩儿的幼儿,以保证所有的幼儿都有锻炼的机会。

⑳ 捕小鱼

（游戏设计：杨雪扬）

■ 游戏名称

"捕小鱼"。

■ 游戏目标

1. 喜欢参与集体游戏，并感受到与小朋友们一起做游戏的快乐。
2. 练习在一定的范围内四散地躲闪跑。
3. 腿部的肌肉得到锻炼，身体的灵活性和协调性得到发展。

■ 游戏准备

小渔网1个（制作方法：在体操圈的三等分处分别系1根一样长的绳子，再将3根绳子的另一端系在1根竹竿的一端）。

■ 游戏玩法

1. 教师扮演捕鱼人，幼儿扮演小鱼。小鱼四散地站在场地内。
2. 游戏开始，捕鱼人手持竹竿，将渔网高高悬起，一边高喊"捕鱼喽——"，一边追逐小鱼，并用渔网套小鱼。小鱼则在场地内四散地躲闪。
3. 约40秒后，捕鱼人要收网了，清点捕到的小鱼数量。
4. 游戏结束。

■ 游戏规则

1. 小鱼要在场地内跑动，否则视为跳到了岸上，需要站在场外暂停游戏。在清点被捕到的小鱼数量时要被算在其中。
2. 被捕到的小鱼站在场外暂停游戏，待下次游戏时方可重新加入。

■ 指导建议

1. 本游戏适合4—6岁的幼儿。
2. 教师视幼儿的运动量，调整捕鱼的节奏。

第三节　跳跃

❶ 跳跳糖

（游戏设计：李赟）

■ **游戏名称**

"跳跳糖"。

■ **游戏目标**

1. 积极参与游戏，体验到游戏带来的乐趣。
2. 在游戏中学习双脚原地向上跳，轻巧落地。
3. 腿部的肌肉得到锻炼，全身的协调能力和快速反应能力得到发展。

■ **游戏准备**

1. 蓝色、黄色、红色的纸制帽子若干顶（总数量与幼儿的人数相等）。
2. 幼儿会说儿歌。

■ **游戏玩法**

1. 幼儿自选一顶帽子戴在头上，站成大圆圈。
2. 教师和幼儿一起，一边说儿歌，一边按照儿歌的歌词做动作：

"我是一颗跳跳糖，（大家一起沿顺时针或逆时针方向行进跳）

跳来跳去真有趣。（同上）

向前跳，向后跳，（向圆心跳，面向圆心向后跳）

还能跳得高高的。（面向圆心原地纵跳）

一二三，跳跳跳！"（同上）

3. 幼儿按照教师的指令跳。

教师说："蓝色跳跳糖向前跳。"戴蓝色帽子的幼儿就向圆心跳，其他的幼儿蹲下。

教师说："红色跳跳糖向上跳。"戴红色帽子的幼儿就原地纵跳，其他的幼儿蹲下。

教师说："黄色跳跳糖向后跳。"戴黄色帽子的幼儿就面向圆心向后跳，其他的幼儿蹲下。

4. 教师根据幼儿的身体状况和情绪把握游戏结束时间。

游戏规则

幼儿按照教师发出的指令行动,做错了的幼儿要模仿一种小动物的叫声。

指导建议

1. 本游戏适合3—4岁的幼儿。

2. 在游戏过程中,教师要指导幼儿学会落地时要屈膝轻轻落地,以保护膝盖。

3. 在选择场地时,教师应选择有弹性的地面,避免在过硬的场地上跳跃对幼儿的膝关节造成损伤。

4. 随着幼儿熟悉游戏玩法以及自身能力的发展,教师可以变换游戏玩法。例如,听指令做相反的动作,教师说"蓝色跳跳糖跳一跳"的时候,戴蓝色帽子的幼儿蹲下,其他的幼儿跳一跳。

(游戏"跳跳糖"参照图1-19)

图1-19 游戏"跳跳糖"

2 小青蛙找朋友

（游戏设计：孟帆）

■ 游戏名称

"小青蛙找朋友"。

■ 游戏目标

1. 积极主动地参与游戏，并感受到游戏带来的快乐。
2. 能身体协调地原地双脚连续向上跳及双脚并拢向前行进跳。
3. 腿部的肌肉得到锻炼，身体的灵活性得到提高。

■ 游戏准备

1. 青蛙妈妈的头饰1个。

小青蛙的头饰或者胸贴若干个（数量与幼儿的人数相等）。

纸板荷叶若干个（数量与幼儿的人数相等）。

小鸭子玩具若干个（数量与幼儿的人数相等）。

2. 场地布置如图：

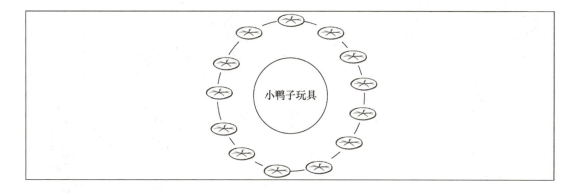

■ 游戏玩法

1. 每只小青蛙站在一片荷叶上。

2. 情境创设：小青蛙和小鸭子是好朋友，它们经常在一起唱歌、做游戏。这一天，小青蛙邀请小鸭子到家里做客。小青蛙跳进池塘，看到小鸭子正在池塘里捉小鱼。小青蛙拉着小鸭子的手，一起回家，一起做游戏。

3. 游戏开始，青蛙妈妈说："宝宝们，起床了！"小青蛙一起说儿歌："小青蛙，起床啦，跳一跳，跳一跳，每天锻炼身体好！"小青蛙站在大圆圈的荷叶上，练习原地双脚向上连续跳。

4. 青蛙妈妈说:"宝宝们,我们去请小鸭子到我们家里来做客吧!"小青蛙双脚并拢向前行进跳,跳到池塘中心,每人找一个小鸭子玩具,然后双脚行进跳回荷叶。

5. 青蛙妈妈说:"宝宝们和小鸭子一起跳舞吧!"小青蛙抱着小鸭子玩具练习原地向上纵跳。

6. 青蛙妈妈说:"宝宝们,小鸭子也累了,我们也要休息了。"

7. 游戏结束。

▌游戏规则

1. 小青蛙原地双脚向上跳的时候,只能在自己的荷叶上进行。
2. 每只小青蛙能找一个小鸭子玩具。

▌指导建议

1. 本游戏适合3—4岁的幼儿。
2. 教师要尽可能地选择有弹性的地面或松软的草地开展游戏,避免在过硬的场地上跳跃对幼儿的膝关节造成损伤。
3. 教师可以在游戏前教会幼儿说儿歌,以便游戏顺利进行。

(游戏"小青蛙找朋友"参照图1-20)

图1-20 游戏"小青蛙找朋友"

③ 小白兔采蘑菇

（游戏设计：李赟、李慧萍、骆春圆）

■ 游戏名称

"小白兔采蘑菇"。

■ 游戏目标

1. 积极主动地参与游戏，体验到与小朋友们一起做游戏带来的快乐。
2. 能轻松自然地双脚并拢向前行进跳。
3. 腿部的肌肉得到锻炼，身体的灵活性得到提高。

■ 游戏准备

1. 小兔子的头饰若干个（数量与幼儿的人数相等）。
   大灰狼的头饰1个。
   自制蘑菇若干个（数量为幼儿人数的3—4倍）。
2. 场地布置如图：

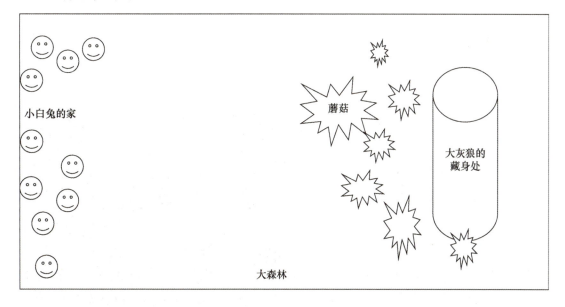

■ 游戏玩法

1. 一名教师扮演大灰狼在场地里藏好，另一名教师扮演兔妈妈，幼儿扮演小白兔在自己的家里。
2. 游戏开始，兔妈妈和小白兔分别从家里出发，跳向大森林的方向，一边跳一边说儿歌:"小白兔蹦蹦跳,跳到森林采蘑菇,蘑菇大呀蘑菇香,多吃才能身体棒!"

3. 小白兔一边说儿歌,一边进入大森林里采蘑菇。采到蘑菇的小白兔在大森林里自由跳跃。

4. 兔妈妈说:"宝宝们,要小心,大灰狼来了!"兔妈妈说完,大灰狼跳出来抓小白兔。小白兔立刻跑回自己的家。

5. 游戏结束。

游戏规则

1. 每只小白兔每次只能采一朵蘑菇。
2. 大灰狼只有听到兔妈妈说"大灰狼来了"的时候,才能出来抓小白兔。
3. 大灰狼轻轻拍到小白兔的身体,就算抓住小白兔。

指导建议

1. 本游戏适合4—5岁的幼儿。
2. 教师要选择有弹性的地面或松软的草地开展游戏,避免在过硬的场地上跳跃对幼儿的膝关节造成损伤,同时避免幼儿在追逐时摔伤。
3. 场地不宜过大,避免幼儿过于疲劳。
4. 幼儿熟悉游戏玩法后,可以由幼儿扮演大灰狼。
5. 不建议组织太小的幼儿玩本游戏,特别是刚入园的幼儿,避免他们产生心理恐惧感和不安全感。

(游戏"小白兔采蘑菇"参照图1-21)

图1-21 游戏"小白兔采蘑菇"

4 勇敢的小龙虾

（游戏设计：孟帆、梁佳）

■ 游戏名称

"勇敢的小龙虾"。

■ 游戏目标

1. 积极主动地参与游戏，体验到与小朋友们一起做游戏带来的快乐。
2. 练习单脚连续跳和双脚连续跳。
3. 腿部的肌肉得到锻炼，身体的协调性及动作的控制能力得到提高。

■ 游戏准备

1. 呼啦圈若干个（20个左右）。
2. 将呼啦圈摆成两行，一行圈与圈间隔相等的距离，一行圈与圈相连。场地布置如图：

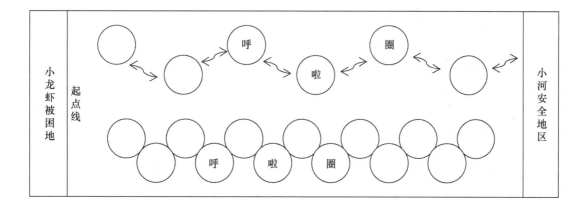

■ 游戏玩法

1. 情境创设：小龙虾在河里幸福地生活，但是有一天，有人在小河里布了网，要捕捉小龙虾。勇敢的小龙虾要跳起来躲避网子，到达小河安全地区，这样才可以自由地生活。
2. 幼儿扮演小龙虾站在起点线后，自己选择用单脚跳或者双脚跳的方式，从呼啦圈的一端跳到另一端。
3. 所有的小龙虾都到达小河安全地区后，游戏结束。

■ 游戏规则

1. 幼儿自己决定是用单脚跳还是双脚跳的方式完成跳跃，途中不能变换。
2. 选择双脚跳的时候，幼儿的脚落地后不能移动位置，要连续起跳。
3. 如果幼儿选择单脚跳，在同一个呼啦圈内可以跳多次，但中途不能换脚。

■ 指导建议

1. 本游戏适合4—5岁的幼儿。
2. 教师要给幼儿自主选择的机会，让幼儿根据对自己能力的判断，选择单脚跳或双脚跳，教师可以适当鼓励幼儿挑战自我。
3. 教师要选择有弹性的地面开展游戏，避免在过硬的场地上跳跃对幼儿的膝关节造成损伤。
4. 摆放两行呼啦圈时，可以有一行圈与圈之间的距离稍长，作为双脚跳的行进路线。另一行的圈与圈之间可以紧紧相连，作为单脚跳的行进路线。

（游戏"勇敢的小龙虾"参照图1-22）

图1-22 游戏"勇敢的小龙虾"

5 聪明的小白兔

（游戏设计：杨雪扬、李慧萍）

■ 游戏名称

"聪明的小白兔"。

■ 游戏目标

1. 喜欢与小朋友们一起做游戏，体验到参与集体游戏的快乐。
2. 能双脚并拢有节奏地连续向前行进跳。
3. 注意力和反应速度，以及控制身体姿势的能力得到提高。

■ 游戏准备

1. 呼啦圈若干个（数量与幼儿的人数相等）。
2. 场地布置如图：

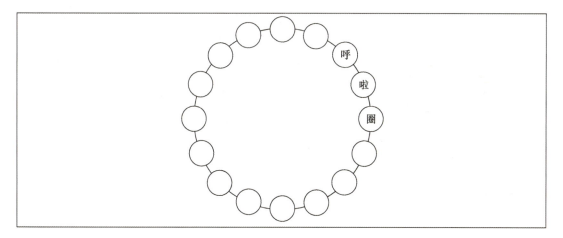

■ 游戏玩法

1. 在场地中摆上呼啦圈当作兔子的家。
2. 一名教师躲在场外扮演大灰狼，幼儿扮演小白兔。
3. 游戏开始，小白兔一起说儿歌："小白兔，白又白，两只耳朵竖起来，爱吃萝卜爱吃菜，蹦蹦跳跳真可爱。"幼儿一边说儿歌，一边在大圆圈内双脚并拢连续跳。
4. 教师喊："老狼来啦！"，小白兔迅速跳进呼啦圈内抱头蹲下。
5. 大灰狼检查小白兔是否有说话声或笑声，如果有就将其捉出圈外。如果没有，游戏重新开始。

■ 游戏规则

1. 说儿歌时，小白兔要在大圆圈内四散地双脚跳，不能只在家附近原地跳或站立。
2. 大灰狼出来后，小白兔要躲在家里，保持一个姿势不能动。
3. 每个呼啦圈里只能有一只小白兔进入。

■ 指导建议

1. 本游戏适合4—5岁的幼儿。
2. 幼儿保持动作静止的时间以10秒左右为宜。

（游戏"聪明的小白兔"参照图1-23）

图1-23　游戏"聪明的小白兔"

6　青蛙和鳄鱼

（游戏设计：杨雪扬、邓敏）

■ 游戏名称

"青蛙和鳄鱼"。

■ 游戏目标

1. 积极主动地参与游戏，体验到与小朋友们一起做游戏带来的快乐。

2. 练习立定跳远。

3. 腿部的肌肉得到锻炼，全身动作的协调性得到提高。

游戏准备

1. 小青蛙的头饰若干个（数量与幼儿的人数相等）。

2. 场地上画有荷叶若干片，荷叶间隔为35厘米左右。场地布置如图：

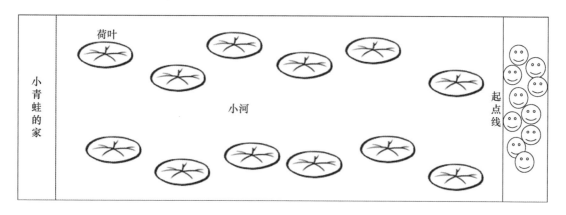

游戏玩法

1. 情境创设：小青蛙的家在小河的一边，河里住着一只大鳄鱼。小青蛙回家的时候，要从荷叶上轻轻地跳过去。如果鳄鱼出来了，小青蛙要一动不动地站在荷叶上，等鳄鱼走了，再继续跳回家。

2. 游戏开始，幼儿头戴小青蛙头饰，站在起点线后。

3. 教师说："小青蛙，回家吧！"小青蛙依次用双脚从一片荷叶跳向另一片荷叶。

4. 教师说："鳄鱼来了！"小青蛙立刻一动不动地站在荷叶上。

5. 教师说："鳄鱼走了！"小青蛙继续在荷叶间跳跃。

6. 教师重复发出指令，小青蛙按照指令跳或者停。

7. 教师说："天黑了！"小青蛙向家的方向跳跃。

8. 小青蛙全部跳回家后，游戏结束。

游戏规则

1. 小青蛙要用立定跳远的动作在荷叶间跳跃，双脚要始终在荷叶上，否则就有被吃掉的危险。

2. 鳄鱼来的时候，小青蛙要保持安静且不能动。如果发出声音或者动了，也有被吃掉的危险。

■ 指导建议

1. 本游戏适合3—4岁的幼儿。

2. 游戏中虽然有鳄鱼这个角色,但不建议出现鳄鱼的形象,教师只是告诉幼儿会有被鳄鱼吃掉的危险即可,以免幼儿紧张害怕。

3. 教师要选择有弹性的地面开展游戏,避免在过硬的场地上跳跃对幼儿的膝关节造成损伤。

❼ 青蛙跳荷叶
(游戏设计:赵娜、韩巧巧、郭宏)

■ 游戏名称

"青蛙跳荷叶"。

■ 游戏目标

1. 喜欢参加体育锻炼,积极参与游戏活动。

2. 练习立定跳远。

3. 腿部的肌肉得到锻炼,身体的协调性得到提高。

■ 游戏准备

1. 小青蛙的头饰若干个(数量与幼儿的人数相等)。

2. 幼儿会说儿歌。

3. 地面上画有荷叶若干片(数量为幼儿人数的3—4倍)。

■ 游戏玩法

1. 幼儿头戴小青蛙的头饰扮演小青蛙,教师扮演青蛙妈妈。

2. 青蛙妈妈和小青蛙一起说儿歌:"小青蛙,本领大,捉害虫,保庄稼,跳跳跳,呱呱呱,捉住害虫保庄稼!"说完儿歌,小青蛙跳上荷叶,并在荷叶间自由地跳跃。

3. 约50秒后,青蛙妈妈说:"小青蛙,休息啦!"小青蛙站在荷叶上拍拍大腿、小腿,再甩甩腿,放松一下身体。

4. 小青蛙稍事休息后游戏重新开始。

游戏规则

1. 小青蛙要用立定跳远的动作完成在荷叶间的位置转换。
2. 小青蛙落地时，双脚要踩在荷叶上。

指导建议

1. 本游戏适合4岁以上的幼儿。
2. 荷叶之间的距离视幼儿立定跳远的实际发展水平而定。距离太近，幼儿无须立定跳远，仅用双脚连续跳便可完成游戏，不能达到目标；距离太远，幼儿无法完成。荷叶之间的距离通常在60厘米左右，也可有远近不同的距离，以满足不同能力水平的幼儿需要。
3. 幼儿每次跳跃的时间不宜过长，要适当休息和放松。

（游戏"青蛙跳荷叶"参照图1-24）

图1-24 游戏"青蛙跳荷叶"

8 跨跳过小河

（游戏设计：杨雪扬）

■ 游戏名称

"跨跳过小河"。

■ 游戏目标

1. 积极参与游戏，并感受到游戏带来的快乐。
2. 练习助跑跨跳，跨跳距离约40—50厘米。
3. 竞争意识和合作精神得到培养。

■ 游戏准备

1. 皮球若干个（数量为幼儿人数的3—4倍）。
2. 场地的中间画两条间隔45—50厘米的平行线。将皮球当作西瓜放置在场地的一端。场地布置如图：

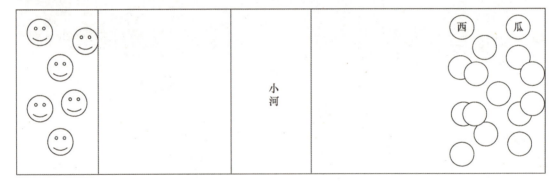

■ 游戏玩法

1. 幼儿分散地站在场地的一端。
2. 游戏开始，教师对幼儿说："小朋友们，咱们种的西瓜熟了，今天我们要跨跳过小河去摘西瓜，再抱着西瓜跨跳过小河回到这里。"
3. 幼儿跑到小河边，跨跳过小河，抱起一个大西瓜，往回跑，再跨跳过小河，将西瓜放在家里。
4. 幼儿可以重复游戏，直至西瓜全部被运回家。
5. 游戏结束。

■ 游戏规则

1. 幼儿每人每次只能抱一个西瓜。

2. 幼儿抱西瓜跑回的过程中，西瓜不能落地，如果掉了要马上捡回，回到西瓜掉落的地方继续游戏。将西瓜放在家里时，要将西瓜放稳，不可以扔。

指导建议

1. 本游戏适合4—5岁的幼儿。
2. 跨跳的距离以幼儿实际跨跳经验和能力为设定依据，可以适当调整。

❾ 勇夺小红旗

（游戏设计：孟帆、马迪）

游戏名称

"勇夺小红旗"。

游戏目标

1. 喜欢游戏，增强与小朋友们友好合作的意识和勇敢、大胆的精神。
2. 练习助跑跨跳，跨跳距离不少于40厘米。
3. 腿部的肌肉得到锻炼，身体的协调性得到发展。

游戏准备

1. 小红旗2面。
2. 场地的一端画有一条起点线，中间画有3条宽约40厘米的小河。将小红旗插在场地的另一端。场地布置如图：

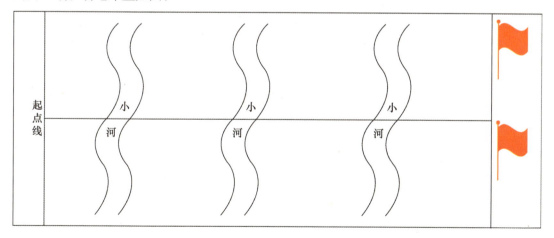

游戏玩法

1. 幼儿分成两队，分别站在起点线后。

2. 游戏开始，教师发出指令，每队第一名幼儿快跑，跨跳过小河，跑到小红旗前，再绕过小红旗往回跑。与本队下一名幼儿击掌后，排到队尾。

3. 下一名幼儿出发，用同样的方法游戏，直至每队最后一名幼儿。

4. 每队最后一名幼儿跑到小红旗前，拿起小红旗跑回本队，将小红旗交给本队的第一名幼儿，第一名幼儿将小红旗迅速举起，示意本队完成比赛。

5. 先完成的一队获胜。

▪ 游戏规则

1. 幼儿往回跑的时候，要从场地的外侧跑回。

2. 幼儿跨跳过小河时，不能踩线或者踩在线间，否则视为掉进河里。掉进河里的幼儿要重新跨跳过小河。

3. 只有每队最后一名幼儿能拿走小红旗。如果被其他的幼儿拿走，要插回原处再继续游戏。

4. 如果最后一名幼儿忘记拿走小红旗，要返回取回小红旗。

5. 以每队第一名幼儿举起红旗作为完成游戏的信号。

▪ 指导建议

1. 本游戏适合4—5岁的幼儿。

2. 游戏可以先采取非竞赛的形式进行，以便促使幼儿将注意力放在助跑跨跳的动作上。

3. 从起点线到小红旗的距离以12米左右为宜。

（游戏"勇夺小红旗"参照图1-25）

图1-25 游戏"勇夺小红旗"

❿ 小袋鼠运玩具

（游戏设计：孟帆、赵娜）

■ 游戏名称

"小袋鼠运玩具"。

■ 游戏目标

1. 体验游戏的快乐，感受到完成任务的成功感。
2. 练习把物品夹在下肢的不同位置行进跳跃。
3. 身体的控制能力和运动协调性得到提高。

■ 游戏准备

1. 沙包若干个（数量为幼儿人数的3—4倍）。
呼啦圈4个。
2. 在场地的中间画一个圈当作玩具店，将沙包放在呼啦圈内。将4个呼啦圈分别放置在场地的四角，当作袋鼠的家。场地布置如图：

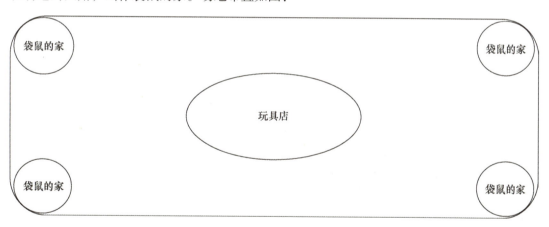

■ 游戏玩法

1. 幼儿扮演小袋鼠，四散地站在场地的一角，教师扮演袋鼠妈妈。
2. 情境创设：森林里有一家玩具店今天开业酬宾，可以送大家很多玩具。但是，每次一只小袋鼠只能带回一个玩具，并且只能把玩具夹在下肢上跳回家。
3. 游戏开始，袋鼠妈妈说："我的宝宝们，森林里开了一家玩具店，今天是开业酬宾，可以送我们很多玩具。但是每次每个宝宝只能拿1个玩具，而且要用双脚或者双腿夹着跳回家，你们想去试试吗？"
4. 小袋鼠从家用双脚跳到玩具店，拿1个玩具（沙包），尝试用双脚或者双腿的任何位置夹住，再双脚并拢跳回家。

5. 讨论动作：你是用什么位置夹住沙包的？跳的时候有没有什么窍门？

6. 比赛游戏：请幼儿自由选择一个家并站到相应的呼啦圈内，教师根据人数再适当调整。教师说："我们一共有4个家，每个家的小袋鼠一样多，现在我们进行比赛，看看在1分钟的时间里，哪家的袋鼠宝宝运得玩具最多！如果没有用双脚夹住玩具往回跳，那么玩具店的老板看见就会让你重新来的哦。"

7. 4个家中的小袋鼠按照刚才的游戏玩法去玩具店领取玩具，并放回自己的家。

8. 大家一起数数谁家里的玩具最多，游戏结束。

游戏规则

1. 沙包可以夹在下肢的任何位置，例如脚尖夹包、脚跟夹包、膝盖夹包、大腿内侧夹包、小腿内侧夹包等。但在跳的过程中幼儿不可以用手辅助。

2. 跳的时候双脚要并拢，同时起跳，同时落地。

指导建议

1. 本游戏适合4—5岁的幼儿。

2. 教师和幼儿说游戏的时间是1分钟，但应将时间控制在40秒左右，避免幼儿连续跳跃而过于疲劳。

3. 第一次游戏后，教师一定要讨论总结或请方法不同的几名幼儿示范，以促进幼儿之间的相互学习。

4. 引导幼儿每次尝试用不同的位置夹包。

（游戏"小袋鼠运玩具"参照图1-26）

图1-26 游戏"小袋鼠运玩具"

⑪ 投沙包

（游戏设计：李慧萍、刘宇）

■ 游戏名称

"投沙包"。

■ 游戏目标

1. 积极主动地参与游戏，遇到困难不气馁。
2. 练习原地纵跳触物和肩上挥臂投掷。
3. 四肢的力量和身体的协调性得到提高。

■ 游戏准备

1. 绳子1根。

沙包若干个。

2. 在两棵大树间悬挂绳子，将沙包用活扣系在绳子上。

场地上画一条起跑线、投掷线和目标线。

在起点线和绳子间画两条直线。场地布置如图：

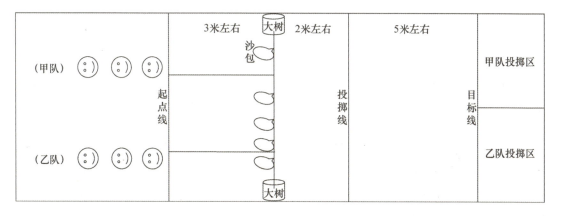

■ 游戏玩法

1. 幼儿分成两队。
2. 游戏开始，幼儿排成纵队，沿直线向前走，行走时要保持身体平衡。
3. 幼儿走到绳子前原地向上跳起，拽下1个悬挂的沙包。
4. 幼儿手持沙包跑向投掷线，将沙包投向目标线后各队的投掷区。

5. 统计各队投掷区内的沙包数量，数量多的一队获胜。

■ 游戏规则

1. 沿直线行走时，幼儿要脚跟对脚尖。

2. 投掷时，幼儿的脚不能超过投掷线。

3. 幼儿原地纵跳取沙包的时候，如果没有取到沙包，要再次纵跳，继续摘取沙包。

4. 投掷到对方区域里的沙包计入对方的数量。

■ 指导建议

1. 本游戏适合4—5岁的幼儿。

2. 沙包的高度距离幼儿高举的指尖20厘米左右，也可以根据幼儿的纵跳能力适当调整。

3. 系沙包的绳可有长有短，让沙包的高度有高有低，以满足不同幼儿的需求。

（游戏"投沙包"参照图1-27）

图1-27 游戏"投沙包"

⑫ 跳伞

（游戏设计：孟帆、孙佳丽）

■■ 游戏名称

"跳伞"。

■■ 游戏目标

1. 喜欢具有一定挑战性的游戏，意志品质得到锻炼。
2. 练习从35—40厘米的高处往下跳，学习屈膝轻轻落地，并保持平衡。
3. 遵守规则的意识得到培养。

■■ 游戏准备

小凳子若干个（数量与幼儿的人数相等）。

■■ 游戏玩法

1. 幼儿扮演小飞行员，在场地上做飞行训练，重点是下肢的热身运动。
2. 游戏开始，小飞行员站在小凳子的后面做好准备，听到教师的指令后每个人登上一个小凳子，两臂前后自然摆动，身体稍微向前倾斜，再向上伸展，往下跳。落地时，双脚前脚掌同时着地，膝盖微微弯曲，轻轻落地。
3. 小飞行员自由练习。
4. 跳伞表演：幼儿分成几组，一组跳的时候，其他组观看并鼓掌加油。
5. 教师视幼儿的兴趣和体能状况把握游戏结束时间。

■■ 游戏规则

1. 每个小凳子上只能站一名幼儿。
2. 幼儿要向同一个方向跳，以免相互碰撞发生危险。

■■ 指导建议

1. 本游戏适合5—6岁的幼儿。
2. 教师要将动作分解示范，避免幼儿因盲目练习而受伤。
3. 教师在指导时要抓住动作的两个关键要领：一是起跳时自然摆臂，伸展身体；二是屈膝落地，脚掌先着地，落地要轻。
4. 为了避免幼儿过于疲劳，本游戏需要动静结合，教师可以根据幼儿的体力，分配运动的密度。

5. 本游戏可以配以纱巾为道具，跳下时好像降落伞般打开，以增加幼儿游戏的兴趣。（游戏"跳伞"参照图1-28）

图1-28　游戏"跳伞"

⑬ 数高楼

（游戏整理：李赟、宋海燕）

■ 游戏名称

"数高楼"。

■ 游戏目标

1. 积极主动地参与游戏，体验到与小朋友们一起做游戏带来的快乐。
2. 练习单脚、双脚连续转换跳跃，立定跳远能跳过50厘米。
3. 腿部的力量和全身动作的协调能力得到发展。

游戏准备

安全有弹性的场地，地面上画有高楼的图案。场地布置如图：

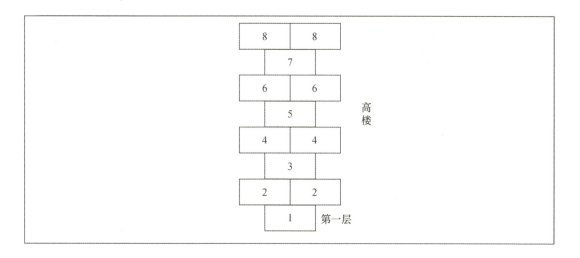

游戏玩法

1. 教师根据地面上画好的高楼数量，将幼儿分为若干队。

2. 游戏开始，各队的第一名幼儿从高楼的第一层起跳，画有一个房间的楼层单脚落地，画有两个房间的楼层双脚落地。跳到第八层后，双脚向前立定跳远，然后从旁边跑回本队队尾。

3. 当前面一名幼儿跳到第八层的时候，各队下一名幼儿起跳。

4. 游戏依次进行。

5. 所有的幼儿完成跳跃后，游戏结束。

游戏规则

1. 跳跃的动作要连续，幼儿的脚落地后不能来回移动。

2. 每个房间里只能有一只脚跳进去，不能踩线。

指导建议

1. 本游戏适合4—5岁的幼儿。

2. 教师应选择有弹性的地面，避免在过硬的场地上跳跃对幼儿的膝关节造成损伤。

3. 本游戏可以作为亲子游戏，在家和爸爸妈妈一起玩。

（游戏"数高楼"参照图1-29）

图1-29　游戏"数高楼"

⑭ 采摘苹果

（游戏设计：孟帆、邓敏、李凡、梁佳）

■ 游戏名称

"采摘苹果"。

■ 游戏目标

1. 积极主动地参与游戏，体验到与小朋友们一起做游戏带来的快乐。
2. 能原地纵跳碰触到高于指尖20—25厘米处的物体。
3. 能理解并主动遵守游戏规则，弹跳能力和身体运动的协调性得到发展。

■ 游戏准备

1. 沙包若干个（数量与幼儿的人数相等）。
小筐2个。
绳子1根。

2. 两树之间悬挂1根绳子，将沙包悬吊在绳子上。沙包高于幼儿手臂上举后的指尖20—25厘米左右。

在场地的一端距离系有绳子的大树约15米处画一条起跑线，将小筐放置在场地的另一端。场地布置如图：

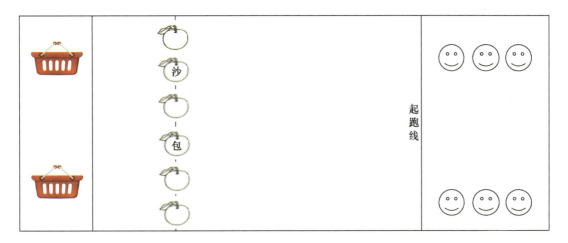

游戏玩法

1. 幼儿分成两队，站在起跑线后。

2. 游戏开始，幼儿听到教师发出"预备——跑"的指令后，每队第一名幼儿快速跑向苹果，到苹果树下原地向上纵跳，摘下一个苹果，跑到前面的果筐前将苹果放进去，再从场地的外侧跑回本队，与第二名幼儿击掌后，排到本队队尾。

3. 第二名幼儿出发。以此类推，直至最后一名幼儿。

4. 每队最后一名幼儿跑回时，要将果筐带回。

5. 最后一名幼儿跑回后，与本队第一名幼儿击掌，第一名幼儿举手示意，游戏结束。先举手的一队获胜。

游戏规则

1. 每名幼儿每次只能摘一个苹果。

2. 最后一名幼儿跑回与本队第一名幼儿击掌后，第一名幼儿才能举手示意本队完成游戏，先举手的一队获胜。

指导建议

1. 本游戏适合5—6岁的幼儿。

2. 苹果的高度可以根据幼儿原地纵跳的实际能力适当降低或提高，以满足幼儿的发展需要。

（游戏"采摘苹果"参照图1-30）

图1-30　游戏"采摘苹果"

⑮ 闯关游戏

（游戏设计：韩巧巧、赵娜、谢珍金）

■ 游戏名称

"闯关游戏"。

■ 游戏目标

1. 积极主动地参与游戏，主动遵守游戏规则。
2. 立定跳远的动作更加协调、灵活。
3. 腿部的肌肉和身体的协调性得到锻炼和提高。

■ 游戏准备

1. 大游戏圈若干个（数量为5的倍数）。
写有号码1—10的纸条。
2. 将大游戏圈两两间隔5米左右的距离，摆成一条直线，每5个为一组。场地布置如图：

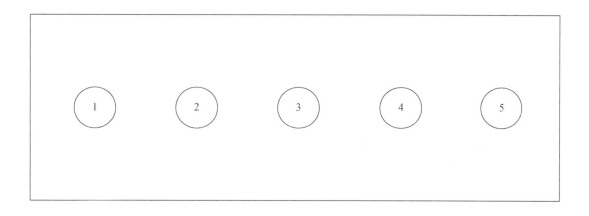

■ 游戏玩法

1. 幼儿自愿结合，8—10人为一组，抽签决定每名幼儿的游戏顺序。

2. 1号幼儿和2号幼儿猜拳，赢的幼儿（假设是1号）站进1号圈。

3. 3号幼儿与刚才猜拳输了的幼儿（假设是2号）猜拳，赢的幼儿（假设是2号）进入1号圈。

4. 1号圈中的两名幼儿猜拳，赢的幼儿（假设是1号）用立定跳远的动作跳入2号圈。4号幼儿与3号幼儿猜拳，赢的幼儿（假设是3号）进入1号圈。

5. 以此类推，每次猜拳赢的幼儿晋级一个游戏圈，直至跳到5号圈。

6. 第一个到达5号圈的幼儿是第一名，第二个到达的幼儿是第二名，以此类推。

7. 当没有进入1号圈的幼儿只剩一名时，这名幼儿直接进入1号圈和1号圈里的幼儿猜拳；当1号圈中只剩一名幼儿时，这名幼儿站在1号圈中直接和2号圈里的幼儿猜拳。赢的幼儿晋级下一个游戏圈，以此类推。

8. 当4号圈里只剩一名幼儿时，这名幼儿直接以立定跳远的动作跳进5号圈。

9. 最后一名跳进5号圈的幼儿学小青蛙叫，游戏结束。

■ 游戏规则

1. 幼儿要按照抽签的顺序依次猜拳。

2. 每次猜拳赢的幼儿要用立定跳远的动作晋级下一个游戏圈。

3. 当后面没有人可以和自己猜拳的时候，可以站在原地直接与上一级游戏圈的幼儿猜拳。

■ 指导建议

1. 本游戏适合5—6岁的幼儿。

2. 每组游戏圈的数量可以适当增加，以提高幼儿游戏的兴趣。

3. 当幼儿熟悉游戏玩法后，可以将游戏圈摆成圆形，让游戏路线循环起来。

4. 本游戏方法也可以用于练习单脚跳、双脚连续跳、跨跳等动作。

（游戏"闯关游戏"参照图1-31）

图1-31 游戏"闯关游戏"

16 打竹舞

（游戏整理：杨雪扬、谢珍金）

■ 游戏名称

"打竹舞"。

■ 游戏目标

1. 敢于挑战具有一定难度的游戏，体验与小朋友们相互配合做游戏的快乐。

2. 能按照一定的规律和节奏，在不断变化距离的竹竿间跳跃前行。

3. 跳跃的能力和身体的协调性得到发展。

4. 注意力和快速反应的能力得到发展。

■ 游戏准备

1. 教师将一样长的竹竿6根平行摆放在地上。

2. 场地布置如图：

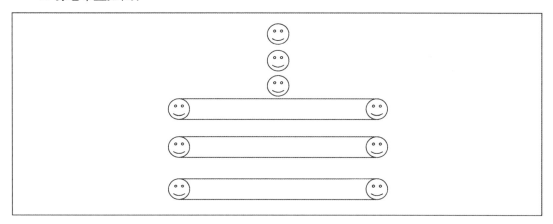

游戏玩法

1. 幼儿自愿结合，分成两组，一组为打竹组，一组为跳竹组。其中，打竹组有6名幼儿，其余的幼儿为跳竹组成员。

2. 打竹组的6名幼儿分别站在竹竿两端，每端3个人。幼儿蹲下后，每只手攥住一根竹竿的顶端。

3. 跳竹组的幼儿排成一列纵队，与竹竿的方向垂直，站在第一根竹竿的外侧。

4. 游戏开始，教师按"一拍一动"说唱节奏："合合、开开，合合、开开，预备，开始！"同时双手做出合并或打开的提示动作。打竹组的幼儿按照教师的节奏，攥住竹竿做开合的动作。

5. 教师用手指挥打竹组的幼儿继续做开合动作，同时带领跳竹组的幼儿说唱节奏："跳跳、跳跳。"

6. 当打竹组的幼儿均能按照节奏有规律地开合竹竿时，跳竹组的第一名幼儿开始在较宽的两根竹竿之间跳跃前行。跳完6根竹竿后，再从打竹组幼儿的身后绕回到跳竹组的队尾。

7. 当前一名幼儿跳到最后一根竹竿外面时，下一名幼儿开始跳。直至所有的幼儿跳完。

8. 幼儿交换角色，再次游戏。

9. 所有的幼儿跳完竹竿后，游戏结束。

游戏规则

1. 打竹组的幼儿必须按照同样的节奏做同样的动作。当教师说到"合合"的时候，每名幼儿的两只手要相靠。当教师说到"开开"的时候，每名幼儿的手要与相邻幼儿的手相靠。这样才能保证竹竿有节奏、有规律地变动位置，也才能保证跳竹组的幼儿有足够的空间在竹间跳跃。

2. 打竹组的幼儿打开双手的距离不应小于肩宽。

3. 跳竹组的幼儿在跳跃时，必须按照节奏在每个竹竿间跳跃两次，然后再跳进下一个竹竿间。

■ 指导建议

1. 本游戏适合6岁以上的幼儿。

2. 教师先做一遍游戏引起幼儿的兴趣。在做游戏时，教师可以配合音乐和优美的舞蹈，用多种节奏展示竹竿不同的开合方法，从而有效提高幼儿参与游戏的热情。

3. 教师要先引导幼儿学会打竹组的动作，以便幼儿更好地把握节奏。

4. 在幼儿进行竹竿间跳跃之前，教师可以带领幼儿发挥想象模仿在竹竿间有节奏地行进跳跃。

5. 游戏最好由两名教师组织，一名教师带领打竹组的幼儿做动作，另一名教师带领跳竹组的幼儿做动作。

6. 做游戏时，幼儿必须保持精力集中并相互配合，每名幼儿可以用语言来集中注意力或提示动作，教师不要过多说话以免干扰幼儿。

7. 当幼儿能够按照最基本的节奏打竹竿和跳竹竿后，可以变换打竹竿的动作，如"开合、开合"等。

8. 为了方便幼儿攥住竹竿，所用竹竿不能太粗。

（游戏"打竹舞"参照图1-32）

图1-32　游戏"打竹舞"

17 快乐纸球

（游戏设计：谢珍金、尤凤娇）

游戏名称

"快乐纸球"。

游戏目标

1. 积极主动地参与游戏，并感受到游戏带来的快乐。
2. 能用脚夹住纸球向前连续跳跃，并练习通过收腹和摆腿动作将纸球前向抛出。
3. 下肢和腹部的力量得到锻炼，身体的协调性得到提高。

游戏准备

1. 用纸裹成的球若干个（数量与幼儿的人数相等）。

小筐若干个（2个以上）。

2. 场地的两端各画一条线，表示起跳线和终点线。

将纸球分成几份装在小筐里，放置在起跳线处。场地布置如图：

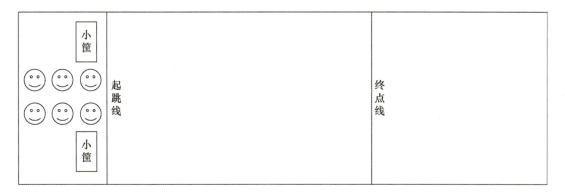

游戏玩法

1. 幼儿分成若干组，成纵队站立在起跳线后，每组排头的位置放一个装有纸球的小筐。
2. 游戏开始，排头的幼儿双脚夹住一个纸球，向前连续跳跃。
3. 幼儿夹球跳到终点线后，向上跳起，同时收腹，用双脚用力把纸球向前抛出。
4. 抛出后，幼儿从外侧跑回与第二名幼儿击掌后，排到本组的队尾。
5. 依次轮换，直至最后一名幼儿完成。
6. 游戏结束。

游戏规则

1. 整个游戏中，除了幼儿在起跳前的准备阶段可以用手把纸球夹好以外，夹球跳跃和夹球抛出的过程都不能用手帮助。

2. 夹球跳的过程中，幼儿不能用脚将球往前踢。

3. 接力赛时，前一名幼儿必须与后一名幼儿击掌，后一名幼儿方可出发。

指导建议

1. 本游戏适合5—6岁的幼儿。

2. 当幼儿掌握了用脚夹球向前抛出的技能后，可以在终点线前面画一条目标线，让幼儿将球夹抛出一定的距离，这样可以更加有效地让幼儿使用腹部和腿部的力量，促进幼儿全身动作协调性的发展。教师也可以在终点线的前方放置纸盒，让幼儿向纸盒内夹抛纸球。

（游戏"快乐纸球"参照图1-33）

图1-33 游戏"快乐纸球"

18 青蛙跳跳赛

（游戏设计：张帅）

■ 游戏名称

"青蛙跳跳赛"。

■ 游戏目标

1. 积极主动地参与游戏，知道身边的材料可以当作游戏材料。
2. 练习双脚连续跳越障碍物。
3. 脚部的肌肉得到锻炼，团队意识和竞争意识得到加强。

■ 游戏准备

1. 高5—25厘米不等，宽约10厘米的牛奶纸盒、纸砖或者插塑等若干个（数量在20个以上）。

大纸箱2个，放置在终点线处。

2. 场地的两端分别画有起跳线和终点线。在两条线之间，每隔40厘米左右的距离放1个障碍物。场地布置如图：

■ 游戏玩法

1. 幼儿扮演小青蛙，分成两组，站在起跳线后。
2. 情境创设：小青蛙进行双脚跳过障碍物的比赛。
3. 游戏开始，教师说："今天小青蛙们要来比一比，谁双脚跳的本领高。前面有一些障碍物，小青蛙要双脚并拢，连续跳过每一个障碍物，然后跳着绕过大纸箱，从外侧跑回队伍。"

4. 每组第一名幼儿听到教师发出的指令后出发,跳跃过障碍物,绕过大纸箱,再跑回来。

5. 当第一名幼儿跳过3个障碍物后,第二名幼儿出发。幼儿依次进行游戏。

6. 两组竞赛:前一名幼儿跑回后,与下一名幼儿击掌,下一名幼儿出发。

7. 最后一名幼儿跑回队伍后,游戏结束。先完成的一组获胜。

■ 游戏规则

1. 幼儿要双脚并拢从障碍物上方跳过,不能分腿跳跃、跨跳或迈过障碍物。

2. 跳跃时,幼儿的动作要连贯,脚落地后要随即跳起,不能移动或停顿。

■ 指导建议

1. 本游戏适合5—6岁的幼儿。

2. 教师设置障碍物时,可以一排矮一些,一排高一些,让幼儿根据自己的跳跃能力做出选择。这样有助于满足幼儿不同的发展需求,同时可以减少某些幼儿对跳跃障碍物的畏难情绪。

3. 教师可以让幼儿根据自己的跳跃能力组合障碍物,变化它们的长、宽、高。

(游戏"青蛙跳跳赛"参照图1-34)

图1-34 游戏"青蛙跳跳赛"

⑲ 跳跳棋

（游戏设计：李赟、尤凤娇）

■ 游戏名称

"跳跳棋"。

■ 游戏目标

1. 体验合作游戏带来的快乐。
2. 练习双脚连续跳过高度为15厘米左右的障碍物。
3. 腿部的肌肉得到锻炼，身体的协调能力得到发展。

■ 游戏准备

1. 高度约15厘米、宽度约10厘米的纸砖若干个（约40—60个）。

大骰子4个。

红、黄、蓝、绿4种颜色的彩带或手环若干个（数量分别为幼儿人数的1/4）。

2. 场地布置如图：

红组集合区	终点线	(((((((((((((		起点线	☺ ☺ ☺
		掷骰子			
蓝组集合区		(((((((((((((			☺ ☺ ☺
		掷骰子			
黄组集合区		(((((((((((((			☺ ☺ ☺
		掷骰子			
绿组集合区		(((((((((((((			☺ ☺ ☺
		掷骰子			

■ 游戏玩法

1. 幼儿分为红、黄、蓝、绿4组，每组幼儿在手腕处系一条与本组名称一样颜色的彩带或手环。每组派出一人在骰子区掷骰子，其他的组员排队站到起点线后。

2. 游戏开始，每组掷骰子的幼儿掷骰子，本组第一名幼儿根据骰子的点数向终点线方向，双脚并拢，连续跳跃障碍物。例如，骰子掷出的是数字3，这名幼儿就跳过3个障碍物。

3. 第一名幼儿达到终点线后站到本组的集合区，下一名幼儿继续游戏。

4. 所有的幼儿均完成跳跃后，游戏结束。

游戏规则

1. 每名幼儿跳跃的障碍物数量要与所掷骰子的点数一样。

2. 临近终点线时，如果骰子的点数超出到达终点线所剩的障碍物，幼儿到达终点线后无须再往回跳。

3. 每组掷骰子的幼儿要负责检查本组每名幼儿是否按照骰子的点数跳跃。

指导建议

1. 本游戏适合5—6岁的幼儿。

2. 当幼儿熟悉游戏玩法后，教师可以增加游戏的难度。例如，幼儿临近终点线时，骰子的点数大于到达终点线所需跳跃的障碍物数量，剩余步数可以作为下一名幼儿出发跳跃的步数。

3. 为了让幼儿有更多机会连续跳跃，骰子上的点数可以根据需要设置，例如从数字3到数字5，每个数字有两个面。

4. 为避免幼儿过多等待，每组幼儿的人数不宜过多，以3—4名幼儿为一组比较适宜。

5. 每组第一名幼儿跳完所有的障碍后，教师可以负责检查本组幼儿是否按照骰子的点数跳跃。如果几组之间进行比赛，这名幼儿还可以作为裁判检查其他的组。

6. 纸砖可以随意组合，根据幼儿的能力适当调整障碍物的高度和宽度。

（游戏"跳跳棋"参照图1-35）

图1-35　游戏"跳跳棋"

20 跳跃明星

（游戏设计：张帅）

■ 游戏名称

"跳跃明星"。

■ 游戏目标

1. 喜欢与小朋友们合作游戏，具有团队意识和竞争精神。
2. 练习双脚连续向前行进跳跃过障碍。
3. 下肢的力量和动作的协调性得到提高。

■ 游戏准备

1. 可背的小背篓2个。

网球若干个（数量为幼儿人数的2—3倍）。

障碍物若干个（20个左右，高度为5—10厘米，宽度约为10厘米）。

2. 场地的两端画有起跳线和终点线，在终点线处放置1个装有网球的纸箱。场地布置如图：

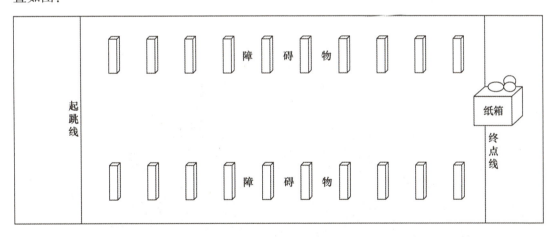

■ 游戏玩法

1. 情境创设：小兔子要评选跳跃明星。比赛方法是小兔子双脚并拢，连续跳跃障碍物，将对面的球运回来。
2. 游戏开始：幼儿扮演小兔子，自愿结合，分成两组，排成两列纵队站在起跳线后。
3. 教师发出指令后，每组第一名幼儿双脚并拢，连续向前行进跳跃过障碍物，跳到终点线后拿一个网球，再从外侧跑回。前面一名幼儿出发跳过3个障碍物后，下一名幼儿出发。幼儿依次进行游戏，直至最后一名幼儿跑回。

4. 两组竞赛：每组第一名幼儿背好小背篓，听到指令后双脚并拢，连续向前行进跳跃过障碍物，到终点线后从纸箱里取出一个网球，放入小背篓里。然后从外侧跑回自己的队伍。第一名幼儿将小背篓交给第二名幼儿，并协助其背上后，然后站到本队的队尾。第二名幼儿出发。每组最后一名幼儿完成后，游戏结束。

5. 计时比赛：教师计时3分钟，两组幼儿用与上面竞赛相同的动作完成游戏，计时结束。统计每组小背篓里有多少个网球，数量多的一组为胜利组。

游戏规则

1. 幼儿跳跃过障碍物的时候要两腿并拢，双脚同时起跳，同时落地。
2. 每名幼儿每次只能运回1个网球。

指导建议

1. 本游戏适合4—5岁的幼儿。
2. "依次而行""两组竞赛""计时比赛"这三种组织形式可以任意选择，不必一次活动全部完成。
3. 教师可以选择纸砖当作障碍物，因为纸砖可以任意组合成不同高度和宽度的障碍物，有助于幼儿根据自身的能力进行选择。

（游戏"跳跃明星"参照图1-36）

图1-36 游戏"跳跃明星"

第一章 基本动作发展游戏

21 小鲤鱼跳龙门

（游戏设计：孟帆、李岩）

■ 游戏名称

"小鲤鱼跳龙门"。

■ 游戏目标

1. 积极主动地参与游戏，愿意遵守游戏规则。
2. 练习从高约30厘米的地方往下跳，学习屈膝轻轻落地的动作。
3. 敢于面对挑战、克服困难的品质得到培养。

■ 游戏准备

鲤鱼的头饰若干个（数量与幼儿的人数相等）。
高度约30厘米的椅子若干把（数量与幼儿的人数相等）。
节奏欢快的音乐。

■ 游戏玩法

1. 教师带领幼儿进入场地，随着音乐的节奏进行热身运动。幼儿扮演小鲤鱼，教师扮演鲤鱼妈妈。
2. 情境创设：小鲤鱼要在鲤鱼妈妈的带领下练习跳龙门的本领。
3. 游戏开始，小鲤鱼跟在鲤鱼妈妈的后面做游泳的动作，一边游一边说儿歌："鲤鱼鲤鱼水里游，摇摇尾巴点点头，游来游去真高兴，我们都是好朋友。"
4. 鲤鱼妈妈说："钻到河底找一找。"小鲤鱼弯腰游泳做找食物的样子。
鲤鱼妈妈说："伸出头来瞧一瞧。"小鲤鱼踮起脚做向上游的动作。
鲤鱼妈妈说："龙门到了，跳过去！"小鲤鱼站到椅子上，双腿屈膝，轻轻跳下，然后做游泳的动作。
5. 小鲤鱼可以反复练习跳龙门的动作。
6. 小鲤鱼跟随鲤鱼妈妈回到小河里休息，游戏结束。

■ 游戏规则

每把椅子上只能站一名幼儿。

■ 指导建议

1. 本游戏适合4—5岁的幼儿。

2. 教师要注意观察幼儿跳下的动作,引导幼儿跳起时双臂自然前后摆动,身体向上伸展;落地时要屈膝弯腰,轻轻落地。

3. 教师可以在场地的四个方向分别摆放一些椅子,加大幼儿练习从一定的高度向下跳这一动作的密度。

(游戏"小鲤鱼跳龙门"参照图1-37)

图1-37 游戏"小鲤鱼跳龙门"

22 种树

(游戏设计:赵娜)

■ 游戏名称

"种树"。

■ 游戏目标

1. 积极主动地参与游戏,愿意与小朋友们一起合作,体验到游戏带来的快乐。
2. 动作连贯、流畅且快速地单双脚交替跳跃。

3. 腰腹部和腿部的力量得到锻炼，身体的协调性得到提高。

游戏准备

1. 呼啦圈若干个（约24个）。

自制小树若干棵（数量与幼儿的人数相等）。

2. 场地的一端画起点线，另一端放置两个呼啦圈，其余的呼啦圈摆成两行。场地布置如图：

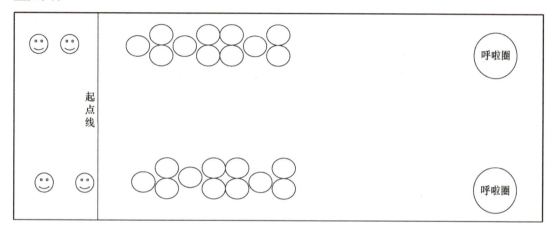

游戏玩法

1. 幼儿自愿结合，分成两队，每名幼儿手拿一棵小树，在起点线后站好。

2. 游戏开始，教师发出"种树比赛现在开始，预备——跑"的口令后，每队第一名幼儿出发，跳过呼啦圈，跑到前方的呼啦圈前，将手中的小树种到里面。从场地的外侧跑回，与下一名幼儿击掌后站到本队的队尾。

3. 第二名幼儿出发，用同样的方式完成游戏，以此类推，直至最后一名幼儿。

4. 最先完成游戏的一队获胜。

5. 游戏结束。

游戏规则

1. 跳过呼啦圈的时候，幼儿要根据呼啦圈摆放的方式单双脚交替跳，每个圈只能有一只脚跳进去。

2. 跑回的幼儿与即将起跑的幼儿以相互击掌为接力信号，没有击掌就不能起跑。

3. 幼儿跳跃的时候动作要连贯，脚落地后不能移动或改变位置，也不能停顿。

指导建议

1. 本游戏适合5—6岁的幼儿。

2. 每次游戏的时候，教师可以改变呼啦圈的摆放方式和数量，以便锻炼幼儿动作的灵活性和协调性，提高幼儿的注意力。

（游戏"种树"参照图1-38）

图1-38　游戏"种树"

23 跳圈圈

（游戏设计：杨雪扬）

■ 游戏名称

"跳圈圈"。

■ 游戏目标

1. 喜欢尝试具有一定挑战性的游戏，为自己的努力感到自豪。
2. 学习双手持圈上下环绕身体，并在经过脚的时候双脚跳过呼啦圈。
3. 全身运动的协调性得到提高，勇敢的品质得到培养。

■ 游戏准备

1. 稍大的呼啦圈若干个（数量与幼儿的人数相等）。
2. 幼儿有跳绳的经验。

■ 游戏玩法

1. 游戏开始，幼儿用双手从外侧握住呼啦圈，双臂在体前稍屈肘，双手手腕向下压，使呼啦圈远离身体的一端向下，当呼啦圈在体前处于直立状态时，幼儿双脚跳进圈内。幼儿继续转动手腕，让呼啦圈继续向身体后方环绕，经头顶回到最初位置。一个跳圈动作完成。

2. 幼儿连续重复以上动作，尝试将跳圈的动作连贯起来。

■ 游戏规则

呼啦圈的环绕路线应以双手持圈位置为圆心。每次跳进圈后，呼啦圈的行进路线是套着幼儿的身体，从身体的后方自下而上，直到身体的前方。

■ 指导建议

1. 本游戏适合6岁左右的幼儿。
2. 跳圈的方法和跳绳一样，可以在幼儿会跳绳的基础上开展本游戏。
3. 呼啦圈有一定的形状限制，因此在跳的时候，教师要引导幼儿将身体稍作蜷缩，以保证呼啦圈顺利套过身体。
4. 为了保证呼啦圈可以顺利地套过幼儿的身体，教师应选择稍大的呼啦圈。

24 跳绳接力

（游戏设计：杨雪扬）

■ 游戏名称

"跳绳接力"。

■ 游戏目标

1. 喜欢团队游戏，愿意为团队的胜利做出努力。
2. 练习连续单人单摇跳绳，身体的协调性得到发展。
3. 能快速计数，注意力得到发展。

■ 游戏准备

1. 单人使用的跳绳若干根（数量为幼儿人数的1/4或者1/5）。
2. 幼儿会单人单摇跳绳。

游戏玩法

1. 幼儿自愿结合，分成4—5个小组，每组一根跳绳。
2. 游戏开始，每组出一名幼儿连续跳绳，本组的其他幼儿帮助点数计数。
3. 第一名幼儿没有跳过绳时，换本组第二名幼儿跳绳。第一名和第二名幼儿的跳绳数累计计算。
4. 以此类推，直至本组所有的幼儿跳绳结束，各组报出总数，数量由多至少排序。
5. 计时比赛：教师计时3分钟，幼儿的游戏方法同上。如果3分钟内同一组内每一名幼儿均已跳过，可以再从第一名幼儿开始跳绳继续游戏。计时结束，统计各组跳绳总数，数量由多至少排序。

游戏规则

1. 同一组内幼儿跳绳的数量连续计数，最后以各组的总数作为对比依据。
2. 只计跳过绳的数量，没有跳过的不在计数范围之内。

指导建议

1. 本游戏适合6岁左右的幼儿。
2. 每组幼儿人数不宜过多，以不超过4人为宜。

25 跨栏小健将

（游戏设计：李赟、赵娜）

游戏名称

"跨栏小健将"。

游戏目标

1. 积极主动地参与游戏，体验到游戏带来的快乐。
2. 能连续3次助跑，跨跳过高约40厘米、宽约25厘米的平行线。
3. 腿部的肌肉得到锻炼，全身动作的协调能力得到发展。

游戏准备

1. 皮筋6根。
   小椅子6把。
2. 将皮筋系在小椅子上，高度约为40厘米。每两根皮筋之间宽约25厘米，共3组。场地布置如图：

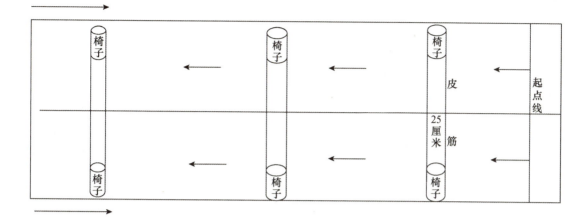

■ 游戏玩法

1. 幼儿分成两队，站在起点线后做准备。

2. 游戏开始，每队第一名幼儿出发，助跑跨跳过高约40厘米、宽约25厘米的平行线，完成3次后，从外侧跑回本队的队尾。

3. 当第一名幼儿助跑跨跳过第二道平行线后，下一名幼儿出发，依次进行游戏。

4. 两队竞赛：第一名幼儿要完成3次跨跳后，从外侧跑回本队，与第二名幼儿击掌，第二名幼儿方可出发。如此循环进行。

5. 最后一名幼儿跑回与本队第一名幼儿击掌，游戏结束。幼儿先跑回的一队为优胜队。

■ 游戏规则

1. 非竞赛时，幼儿要依次进行游戏，当前一名幼儿跳过第二道平行线时，下一名幼儿就要出发。

2. 竞赛时，必须以击掌为下一名幼儿起跑的信号，跑回的幼儿如果忘记击掌，下一名幼儿就不能出发。

■ 指导建议

1. 本游戏适合6岁左右的幼儿。

2. 在最初练习助跑跨跳的时候，幼儿可以先从跨越没有高度的平行线开始，例如在地面上画平行线。然后，再练习跨跳有一定高度的单线，例如单根皮筋。最后，再跨跳既有高度又有宽度的平行线。

3. 游戏场地不宜过大，长度以15米左右为宜。太长的距离容易使幼儿感到疲劳，出现动作变形而导致摔倒。

（游戏"跨栏小健将"参照图1-39）

图1-39　游戏"跨栏小健将"

第四节　投掷

① 喂小鱼

（游戏设计：谢珍金、李静萍）

■ **游戏名称**

"喂小鱼"。

■ **游戏目标**

1. 喜欢与小朋友们一起做游戏，并保持情绪愉快。
2. 能挥臂向前投掷沙包。
3. 上肢的力量和身体的协调性得到锻炼。

■ **游戏准备**

1. 沙包若干个（数量为幼儿人数的3—4倍）
纸质小鱼若干条。
2. 场地中画一个直径约4米的大圆圈，在大圆圈内再画一个直径约2米的同心小圆圈。将纸质小鱼散放在其中，将沙包散放在大圆圈外。场地布置如图：

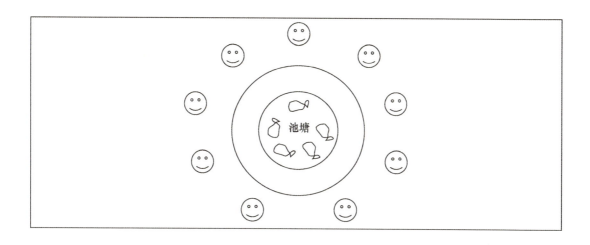

▍游戏玩法

1. 幼儿手持沙包当作面包，围在池塘外。

2. 游戏开始，教师说："小朋友们，你们看，池塘里有很多小鱼，我们把手里的面包喂给小鱼吃吧。"说完，教师将手中的面包用肩上挥臂投掷的动作投进池塘内。

3. 幼儿模仿教师的动作，将自己手中的面包投进池塘里喂小鱼。

4. 游戏可以反复进行，直至将所有的沙包投完。

5. 游戏结束。

▍游戏规则

幼儿要站在大圆圈外向小圆圈内投掷沙包。

▍指导建议

1. 本游戏适合3—4岁的幼儿。

2. 教师要和幼儿一起投掷沙包，以便给幼儿做示范。

❷ 快乐的动物园

（游戏设计：谢珍金）

▍游戏名称

"快乐的动物园"。

▍游戏目标

1. 喜欢与小朋友们一起做游戏，并保持情绪愉快。

2. 尝试单手自然挥臂向前方投掷。

3. 手臂的力量得到锻炼，身体的协调性得到发展。

■ 游戏准备

1. 各种动物的图片若干张。

沙包若干个（数量为幼儿人数的3—4倍）。

2. 将动物的图片分散放在场地中，在前面画出弧线；将沙包分散放在弧线内。场地布置如图：

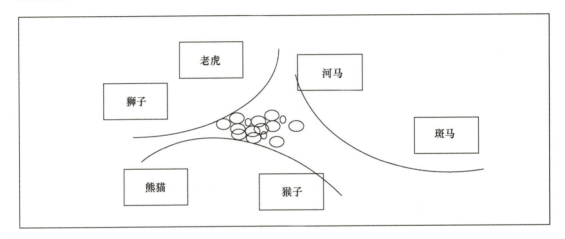

■ 游戏玩法

1. 情境创设：动物园里养了很多动物，每天饲养员都要给它们送很多好吃的。今天，幼儿来当饲养员，给动物们送食物。

2. 教师说："小饲养员们，动物园里的动物都饿了，你们给它们做的饭准备好了吗？我们给动物送饭的时候要注意安全，离得远一点把食物投进去。小饲养员们，我们出发吧！"

3. 教师带领幼儿从场地的中间捡起沙包，投给动物们。

4. 沙包投完，游戏结束。

■ 游戏规则

1. 本游戏适合3—4岁的幼儿。

2. 每名幼儿每次只能捡一个沙包。

■ 指导建议

在动物图片前画弧线，是为了引导幼儿保证安全。站在弧线后面喂动物，有助于引导幼儿用力投掷。场地的弧线与动物图片的距离有远有近，可以满足不同投掷能力的幼儿的发展需求。

3 小松鼠捡松果

（游戏设计：刘学艳、孟帆）

■ 游戏名称

"小松鼠捡松果"。

■ 游戏目标

1. 积极主动地参与游戏，体验到与小朋友们一起做游戏带来的快乐。
2. 初步学习肩上挥臂的投掷动作。
3. 上肢的力量得到锻炼，身体的协调性得到发展。

■ 游戏准备

1. 沙包若干个（数量为幼儿人数的2—3倍）。

废旧纸箱2—3个。贴上松鼠妈妈的图片，当作背篓。

地垫若干个，摆放在距离背篓约2米的位置，示意为投掷区。

2. 场地布置如图：

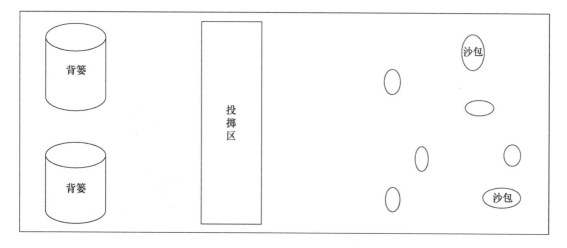

■ 游戏玩法

1. 教师把沙包分散地放在场地内。
2. 情境创设：冬天快到了，小松鼠要和妈妈一起准备食物过冬了。小松鼠捡了很多松果，并把松果投到妈妈的背篓里。不一会儿，小背篓就装了很多松果，小松鼠和妈妈高高兴兴地把松果运回了家。
3. 幼儿扮演小松鼠，教师扮演松鼠妈妈。

4. 游戏开始，松鼠妈妈说："宝宝们，你们看，那边有好多松果啊！我们去把松果捡回家，大家一起分享吧！"

5. 小松鼠和松鼠妈妈一起跑过去把地上散落的松果（沙包）捡起来，跑到地垫上，把松果投进背篓里。

6. 松鼠妈妈和小松鼠一起抬着背篓回家。

7. 游戏结束。

游戏规则

1. 幼儿可以捡起没有投进背篓的松果再次投掷。

2. 小松鼠一次只可以捡回一个松果，但可以多次去捡。

指导建议

1. 本游戏适合3—4岁的幼儿。

2. 教师要用生动的语言和快乐的情绪感染幼儿参与游戏。幼儿是否可以把沙包投进纸箱并不重要，教师不必对此过多要求，也不要过多要求幼儿投掷动作的正确性，只需通过自己的参与，为幼儿提供模仿学习的对象即可。

（游戏"小松鼠捡松果"参照图1-40）

图1-40 游戏"小松鼠捡松果"

4 黑猫警长练本领

（游戏设计：刘学艳、王浩）

■ 游戏名称

"黑猫警长练本领"。

■ 游戏目标

1. 喜欢参与集体游戏，愿意遵守游戏规则。
2. 练习肩上挥臂投掷。
3. 上肢的力量得到锻炼，动作的协调性得到提高。

■ 游戏准备

1. 怪兽和老鼠的图片若干张（数量与幼儿的人数相等）。

沙包若干个（数量约为幼儿人数的4倍）。

音乐《黑猫警长》。

2. 幼儿看过《黑猫警长》的动画片或图书，或者听过《黑猫警长》的故事。

3. 将怪兽和老鼠的图片放置在场地的四周，沙包分散放在场地的中间。在距离怪兽与老鼠图片3—5米的地方画直线。场地布置如图：

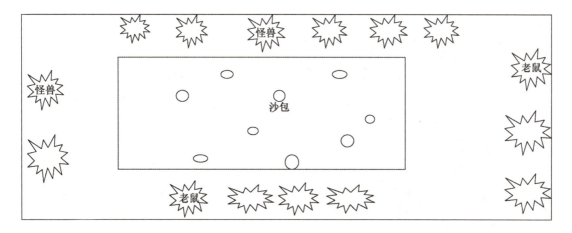

■ 游戏玩法

1. 教师扮演黑猫警长，幼儿扮演白猫战士。
2. 情境创设：黑猫警长和白猫战士在做训练的时候发现了怪兽和老鼠，黑猫警长和白猫战士一起打掉怪兽和老鼠，保卫家园。

3. 黑猫警长带领白猫战士，在音乐的伴奏下进行跑步、踢腿、跳跃、大臂绕环等训练。

4. 黑猫警长说："白猫战士们，前方发现怪兽和老鼠，我们要打掉这些怪兽和老鼠，保护我们的家园！"黑猫警长与白猫战士一起，捡起场地中间的沙包，向周围的怪兽和老鼠投掷。

5. 黑猫警长说："白猫战士们，那边也发现怪兽和老鼠，我们到那边继续战斗！"黑猫警长带领白猫战士到场地的另一边继续打怪兽和老鼠。

6. 游戏继续进行，直到将四个方向的怪兽和老鼠都打掉。

7. 游戏结束。

游戏规则

1. 如果场地中间的沙包用完，白猫战士听到黑猫警长的指令后方可捡回打出去的沙包。

2. 白猫战士要站在直线后投掷。

指导建议

1. 本游戏适合3—4岁的幼儿。

2. 投掷线与目标的距离可以有远有近，让幼儿有不同的体验和经历，对于幼儿学习肩上挥臂投掷的动作和发展身体各部位的协同运动能力有益。

（游戏"黑猫警长练本领"参照图1-41）

图1-41 游戏"黑猫警长练本领"

5 飞机上天

（游戏设计：李静萍、谢珍金、刘扬）

■ **游戏名称**

"飞机上天"。

■ **游戏目标**

1. 练习肩上挥臂投物。
2. 动作的协调性得到发展。

■ **游戏准备**

1. 丝带1根（也可以用皮筋等代替）。
纸飞机若干个（数量与幼儿的人数相等）。
2. 在距离投掷线1.5—2米处系1条丝带，丝带的高度距离地面大约1.5米。场地布置如图：

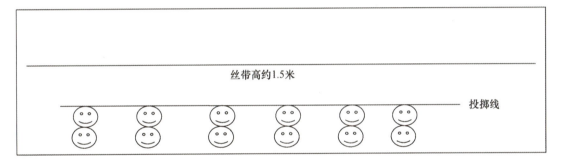

■ **游戏玩法**

1. 幼儿分成两横排站在投掷线后，每名幼儿手持一架纸飞机。
2. 教师发出"飞机上天"的指令。第一排的幼儿肩上挥臂投掷将飞机向天空（丝带的上方）投去，投完后站到第二排的幼儿后面。
3. 第二排的幼儿用同样的方法进行投掷。
4. 两排幼儿循环投掷。
5. 两排幼儿比赛，统计各排能从丝带上方飞过去的飞机的数量，多者为胜。

■ **游戏规则**

1. 幼儿须站在投掷线后投掷。
2. 只有从丝带上方飞过的飞机才能计数。

■ 指导建议

1. 本游戏适合4—5岁的幼儿。

2. 丝带的高度是为了引导幼儿向斜上方投掷，所以高度和投掷的距离可以根据幼儿的实际能力适当调整。

3. 为了避免幼儿过多等待，可以在两排幼儿投掷结束后一起捡回飞机。

（游戏"飞机上天"参照图1-42）

图1-42　游戏"飞机上天"

6 飞镖运动员

（游戏整理：刘扬）

■ 游戏名称

"飞镖运动员"。

■ 游戏目标

1. 积极参与游戏活动，并感受到游戏带来的快乐。
2. 练习肩上挥臂向斜上方投掷。
3. 上肢的力量得到锻炼，身体的协调性得到发展。

■ 游戏准备

1. 画有同心圆的镖盘若干个。

飞镖若干个（数量为幼儿人数的一半）。

2. 将镖盘贴在墙上,高度比幼儿的头部高20厘米左右。

距离墙壁2米左右的地方画一条投掷线。

游戏玩法

1. 游戏开始,请幼儿分成两排站在投掷线后,面向镖盘站好。

2. 第一排的幼儿手持飞镖,向镖盘方向用肩上挥臂的动作投出飞镖。投完站到第二排幼儿的后面。

3. 第二排的幼儿听教师的指令捡回飞镖,站到投掷线后,向镖盘投掷。

4. 游戏循环进行。教师可以随时根据幼儿投掷的动作进行示范、讲解或个别指导。

游戏规则

幼儿要在听到教师的指令后捡回飞镖。

指导建议

1. 本游戏适合4—6岁的幼儿。

2. 投掷线与墙壁的距离可以根据幼儿投掷的情况适当调整。

3. 镖盘和飞镖头部的制作材料可以选择粘扣,以便飞镖投掷到镖盘上的时候可以粘住。

4. 游戏中,幼儿是否能击中镖盘并不重要,镖盘的使用是为了引导幼儿将飞镖向斜上方投出。

(游戏"飞镖运动员"参照图1-43)

图1-43 游戏"飞镖运动员"

7 机警的小猴子

（游戏设计：李静萍、谢珍金、刘扬）

■ 游戏名称

"机警的小猴子"。

■ 游戏目标

1. 积极主动地参与游戏，并感受到游戏带来的快乐。
2. 练习走平衡木，学习肩上挥臂投掷。
3. 能躲闪纸球，身体的灵活性得到提高。

■ 游戏准备

1. 平衡木2个，摆在小路上当作独木桥。

灌满不同颜色水的矿泉水瓶若干个，不规则地放在小路上当作小树（约10个）。

纸球若干个，散落在投掷线前当作石头（数量为幼儿人数的4—5倍）。

玩具香蕉若干个，分散放在场地的一端（数量不少于幼儿的人数）。

鳄鱼的头饰3个。

音乐《小猴子照镜子》。

2. 场地上画3条直线，分别是投掷线和小河。小河宽约40厘米，投掷线距离小河4米左右。场地布置如图：

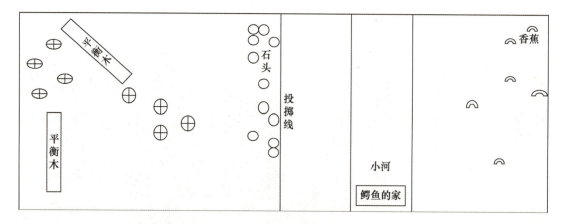

■ 游戏玩法

1. 情境创设：在音乐的伴奏下，猴子妈妈带小猴子去郊游。它们走过独木桥，穿过小树林，走着走着，前面出现了一条小河，河里有3只鳄鱼。鳄鱼想吃掉小猴子，小猴子勇敢地捡起河边的石头打败了鳄鱼。小猴子和妈妈一起过了河，吃到了美味的香蕉。

2. 幼儿扮演小猴子，教师扮演猴子妈妈。

3. 游戏开始，猴子妈妈说："孩子们，看！这里有一座独木桥，我们要排成一队，小心地走过去。"教师带领幼儿走过平衡木。

4. 猴子妈妈说："孩子们，前面是一片小树林，我们要绕过小树，大家不要碰到小树啊。"教师带领幼儿绕障碍物跑。

5. 请幼儿用同样的方法自己走过一座独木桥，绕过一片小树林。

6. 猴子妈妈说："孩子们要小心，前面的小河里有3只鳄鱼，我们要用石头把鳄鱼打伤。鳄鱼回家养伤的时候，我们就可以到小河对面吃香蕉了！"幼儿用纸球向鳄鱼投掷，鳄鱼在小河内躲闪。

7. 被击中的鳄鱼回到家里养伤。当3只鳄鱼都回家后，小猴子和猴子妈妈一起走过小河，品尝香蕉，游戏结束。

游戏规则

1. 如果幼儿从独木桥上掉下来，要重新回到起点再走一遍独木桥。
2. 幼儿绕过小树的时候，如果矿泉水瓶被碰倒，要将瓶子立起来。
3. 被纸球击中的鳄鱼要回到家里养伤，不能再继续捕捉小猴子。
4. 每只小猴子只能捡一只香蕉。

指导建议

1. 本游戏适合4—5岁的幼儿。
2. 如果纸球都用完了也没有打到鳄鱼，教师可以说出"鳄鱼太累了，回家休息吧"的指令，鳄鱼就回到家里不再出来。

（游戏"机警的小猴子"参照图1-44）

图1-44　游戏"机警的小猴子"

8 炸炮楼

（游戏设计：谢珍金、宋海燕）

■ 游戏名称

"炸炮楼"。

■ 游戏目标

1. 主动参与游戏，并表现出乐观积极的态度。
2. 练习向指定目标投掷，肩上挥臂投掷的准确性得到提高。
3. 敢于接、挡投过来的软球，勇敢的品质得到培养。

■ 游戏准备

1. 软球若干个（数量为幼儿人数的4—5倍）。
大滚筒若干个。

2. 场地的两端各画一条直线，将大滚筒放置在场地的中间，将软球放置在场地两端的直线处。场地布置如图：

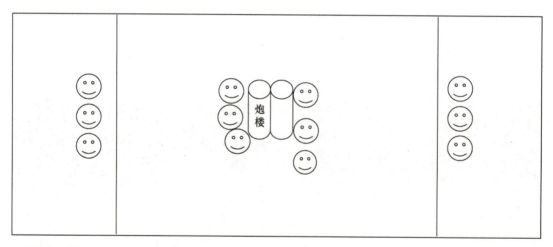

■ 游戏玩法

1. 幼儿自愿结合，分成人数相等的两组。
2. 其中一组幼儿站在场地的中间，做炮楼（大滚筒）的守卫者。另一组幼儿分开站在场地两端的直线内。
3. 游戏开始，站在直线外的幼儿用软球向炮楼投掷攻击，守卫的幼儿要千方百计将球挡住，不让软球打到炮楼。

4. 软球用完后统计数量，游戏结束。

5. 幼儿交换角色，再次游戏。

游戏规则

1. 进攻者投掷时要站在直线后。

2. 软球接触到炮楼即为击中，不论是直接打中目标，还是软球滚动接触到目标。

3. 守卫炮楼的一方，可以在场地中任何位置移动，但不可以越过直线。

指导建议

1. 本游戏适合4—6岁的幼儿。

2. 教师可以引导幼儿使用假动作或者向其他的幼儿传球，以此变化投掷位置，达到迷惑对方的目的。例如，攻打者可以互相传球以调动守卫者。

（游戏"炸炮楼"参照图1-45）

图1-45 游戏"炸炮楼"

9 打响铃

（游戏设计：谢珍金、宋海燕）

■ 游戏名称

"打响铃"。

■ 游戏目标

1. 积极主动地参与游戏，能从游戏中获得快乐。
2. 练习肩上挥臂投掷击中目标，掷准能力得到提高。
3. 手、眼的协调能力和身体的协调性得到发展。

■ 游戏准备

1. 在废旧地垫周围系上小铃铛作为靶标固定在墙上（数量越多越好）。沙包或小软球若干个（数量为幼儿人数的3—4倍）。

2. 距离靶标4—5米处画一条投掷线。场地布置如图：

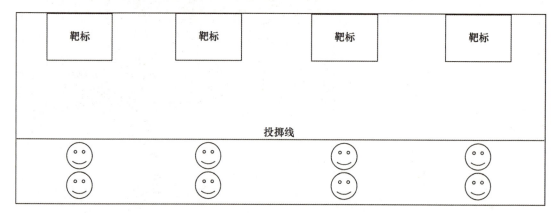

■ 游戏玩法

1. 将幼儿分成几组，分别面对目标站在投掷线后。

2. 游戏开始，每组排头的幼儿拿起一个沙包或小软球，站在投掷线后，用肩上挥臂的方法向前方的"靶标"投掷（铃铛发出声响视为击中）。投完站到本组的队尾。

3. 各组下一名幼儿继续投掷。游戏循环进行。

4. 所有的幼儿完成投掷后，游戏结束。

5. 各组比赛，击中"靶标"多的一组获胜。

游戏规则

1. 击中"靶标"的任何部位均视为有效击中,包括周围的铃铛。
2. 幼儿在投掷时不能超过投掷线。

指导建议

1. 本游戏适合5—6岁的幼儿。
2. 投掷的距离和目标的大小,可以根据幼儿的实际能力调整。
3. 教师可以准备不同大小的"靶标",幼儿根据自己的能力选择。游戏中幼儿也可以随着自己的投掷情况随时调整,选择难度不同的"靶标"。

(游戏"打响铃"参照图1-46)

图1-46 游戏"打响铃"

⑩ 降落伞

(游戏设计:谢珍金、宋海燕)

游戏名称

"降落伞"。

游戏目标

1. 积极主动地参与游戏,体验到与小朋友们一起做游戏带来的快乐。
2. 能用力向上抛起物体。
3. 上肢的力量和身体的协调能力得到发展。

游戏准备

自制降落伞若干个（数量与幼儿的人数相等）。

游戏玩法

1. 幼儿手持降落伞的垂挂物，用力向上高高抛起，看降落伞打开并缓缓落下。

2. 请抛得高的幼儿说一说自己是怎样抛的，并请他们做示范，引导大家观察这些幼儿在抛降落伞之前做了哪些动作。引导幼儿发现在抛出降落伞之前，身体要先蜷缩并收回手臂，蹬地跳起的瞬间，要充分伸展身体，用力向上弹跳，同时手臂用力向上，并抖动手腕将降落伞抛出。

3. 幼儿反复练习抛接降落伞，体会全身协同运动和使用爆发力抛降落伞的感觉。

4. 比一比谁的降落伞抛得最高，谁的降落伞在空中飘的时间最长。

5. 请幼儿尝试还有什么方法可以将降落伞抛得更高、在空中飘的时间更长。

6. 教师视幼儿游戏的兴趣和体力决定游戏结束时间。

游戏规则

幼儿每次抛接自己的降落伞。

指导建议

1. 本游戏适合4—6岁的幼儿。

2. 在游戏过程中，教师要引导幼儿尽量散开，到没有人或者人少的场地上游戏，避免出现幼儿碰撞或降落伞的相互缠绕。

（游戏"降落伞"参照图1-47）

图1-47 游戏"降落伞"

11 投篮高手

（游戏设计：谢珍金、李静萍、尤凤娇）

■ 游戏名称

"投篮高手"。

■ 游戏目标

1. 喜欢具有挑战性的游戏，体验到游戏带来的快乐。
2. 练习向篮球框内投球，提高幼儿投掷的准确性。
3. 手、眼的协调能力和肌肉的控制能力得到发展。

■ 游戏准备

1. 篮球若干个（数量与幼儿人数相等）。
投掷篮2—4个。
2. 场地布置如图：

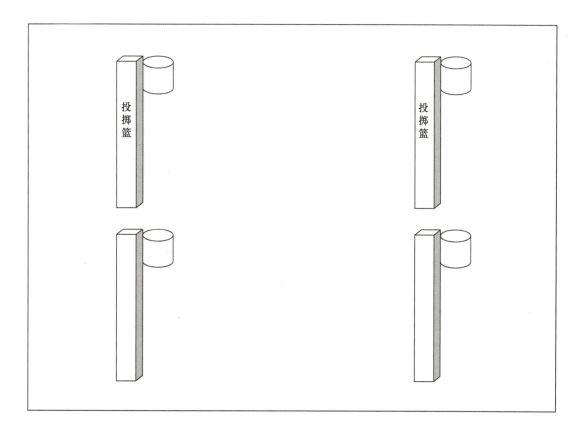

游戏玩法

1. 幼儿自愿结合，分成人数相等的4队。
2. 玩法一：自由投篮。每名幼儿手持一个篮球，向本队的投掷篮中投球。
3. 玩法二：计时投篮。教师计时，各队幼儿在规定时间内向本队的投掷篮中投球。计时结束后，请幼儿自己报投中的数量。引导幼儿想一想并说一说，如果几个人同时投篮结果会怎么样？那应该怎么办？
4. 玩法三：计时比赛。教师计时，每队出一名幼儿计数，各队其他的幼儿向本队投掷篮投球。计时结束，投中数量最多的一队获胜。教师引导幼儿讨论自己的体验和感受。

游戏规则

1. 幼儿要将篮球投出去，不能爬上投掷篮将球放进去。
2. 从投掷筐上面落入的篮球才被视为投中，不能将篮球从投掷筐下面塞进去。

指导建议

1. 本游戏适合5—6岁的幼儿。
2. 幼儿距离投掷篮的距离不限，幼儿可以根据自己的能力决定。
3. 幼儿投球的准备动作不限，既可以原地站立投球，又可以在运球过程中投球，还可以跳起投球。

（游戏"投篮高手"参照图1-48）

图1-48 游戏"投篮高手"

12 勇敢的士兵

（游戏设计：刘学艳、王佳）

■ 游戏名称

"勇敢的士兵"。

■ 游戏目标

1. 喜欢参与具有一定挑战性的游戏，并感受到成功的喜悦。
2. 练习肩上挥臂投掷，掷准的能力得到提高。
3. 能灵活躲闪投过来的软球，身体的灵活性得到发展。

■ 游戏准备

1. 软球若干个（数量为幼儿人数的2—3倍）。

   大皮球若干个（数量与幼儿的人数相等，或者多于幼儿的人数）。

2. 场地布置如图：

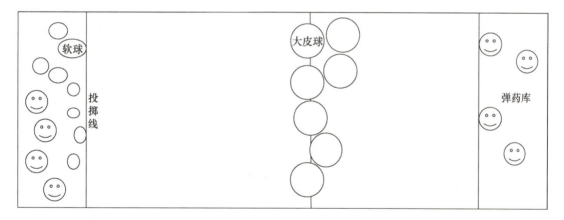

■ 游戏玩法

1. 幼儿自愿结合，分成两组。

2. 一组扮演投掷的人，站在场地一端的投掷线后面。每人前面放2—3个软球。另一组扮演士兵，站在场地对面一端的横线后。

3. 情境创设：士兵跑到前线去抢弹药（大皮球），在抢弹药的过程中要尽量躲避对方打过来的炮弹（软球）。

4. 游戏开始，教师发出指令后，士兵一边跑向弹药，一边躲避对方打过来的炮弹。士兵抢一个弹药跑回来后放到自己的弹药库里，然后可以再次出发。

5.投掷一方的幼儿用肩上挥臂投掷的动作,将炮弹投向士兵,被击中的士兵站到场地的外侧,暂停游戏。

游戏规则

1.投掷的幼儿不能超过投掷线。

2.士兵每人每次只能抢回一个弹药。

3.炮弹击中士兵身体的任何部位均视为受伤,受伤的士兵要退出游戏场地,暂停游戏。

指导建议

1.本游戏适合5—6岁的幼儿。

2.投掷物宜选择软球或软包等柔软且有弹性的物体,不宜使用装有豆子等物体的沙包,避免幼儿被击中时受到伤害。

3.投掷线和弹药的距离以6米左右为宜,或者教师根据幼儿投掷的能力适当调整。

(游戏"勇敢的士兵"参照图1-49)

图1-49 游戏"勇敢的士兵"

⑬ 躲软球

（游戏设计：杨雪扬）

■ 游戏名称

"躲软球"。

■ 游戏目标

1. 乐于参与合作类游戏，体验到与小朋友们一起做游戏带来的快乐。
2. 练习向目标投掷，灵活地躲闪打过来的软球。
3. 掷准能力得到提高，身体的灵活性得到提高。

■ 游戏准备

1. 软球1个。
2. 场地的两端画有两条直线。场地布置如图：

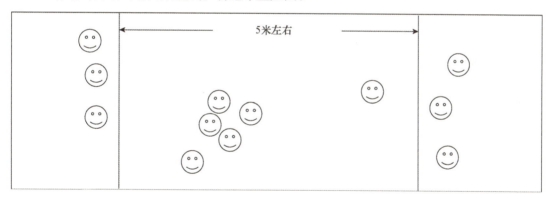

■ 游戏玩法

1. 幼儿自愿结合，分成人数相等的两组。
2. 猜拳决定哪一组作为扔球组，哪一组作为躲球组。躲球组的幼儿站到场地的中间，扔球组的幼儿分成两部分，分别站在场地两端的直线后。
3. 游戏开始，教师计时3分钟，扔球组的幼儿向躲球组的幼儿投球，击打对方。躲球组的幼儿在场地中来回跑动，躲避软球。躲球组的幼儿被软球碰到身体任何的部位就视为被击中，站到场外暂停游戏。
4. 3分钟后，两组人员轮换角色。刚才被击中的幼儿回归本组。游戏重新开始，仍然计时3分钟。

5. 3分钟后，教师对比两组被击中幼儿的人数，被击中人数少的一组为获胜组。

6. 游戏结束。

■ 游戏规则

1. 扔球组的幼儿投掷时，只能站在直线后。如果对面的幼儿扔过来的球没有到达直线处，本组的幼儿可以跑进场地捡球，但捡起球后要退回到直线后方可投掷。

2. 躲球组的幼儿只能在场地的中间来回跑动躲避软球。如果出界，即视为被软球击中，需要站到场外暂停游戏。

■ 指导建议

1. 本游戏适合5—6岁的幼儿。

2. 如果幼儿的人数较多，教师可以将幼儿分成两部分，在两个场地同时游戏，以减少等待或碰撞的情况出现。

3. 如果球停在场地的中间，扔球组的幼儿可以快速跑去捡起软球，既可以退回自己的投掷线后投掷，也可以将球扔给对面本组的幼儿，自己跑回原投掷线。

4. 躲球组的幼儿可以用跳起、蹲下、躲闪、跑动等方式躲避软球。

⑭ 炸掉敌机

（游戏设计：谢珍金、张金红）

■ 游戏名称

"炸掉敌机"。

■ 游戏目标

1. 积极主动地参与游戏，能遵守游戏规则。

2. 练习肩上挥臂向目标投掷，投掷的准确性得到提高。

3. 动作的控制能力和身体的协调性得到发展。

■ 游戏准备

1. 悬挂纸飞机若干个（数量不少于幼儿人数的一半）。

沙包若干个（数量为幼儿人数的2—3倍）。

小筐4个。

2. 场地的一端画一条投掷线，把沙包平均分散放在4个筐内，将小筐放置在投掷线上。场地布置如图：

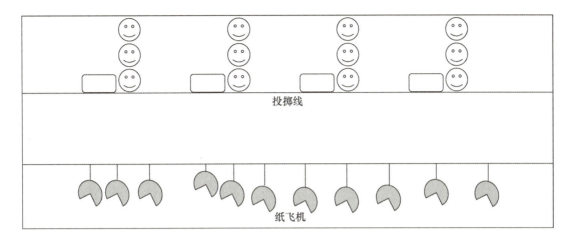

游戏玩法

1. 幼儿扮演士兵，分成人数相同的4列纵队，站在投掷线后。

2. 游戏开始，各队第一名士兵向敌机（纸飞机）投掷炸弹（沙包）后，这名幼儿作为本队的计数员，统计本队击中敌机的数量。

3. 各队士兵依次投掷，直至将炸弹用完。

4. 击中敌机数量最多的一队获胜。

5. 游戏结束。

游戏规则

1. 幼儿投掷时需站在投掷线外。如果超过投掷线就视为犯规，即使击中敌机也不能计数。

2. 每名幼儿只能用沙包投掷一次。

指导建议

1. 本游戏适合5—6岁的幼儿。

2. 投掷线和目标之间的距离约为3米，教师也可以根据幼儿的投掷能力适当调整。

（游戏"炸掉敌机"参照图1-50）

图1-50 游戏"炸掉敌机"

15 看谁投得准

（游戏设计：谢珍金、李岩）

■ 游戏名称

"看谁投得准"。

■ 游戏目标

1. 喜欢参与具有一定挑战性的游戏，为自己的努力和成功感到快乐。
2. 尝试将手中的纸球投进移动的目标箱内。
3. 投掷的准确性和动作的控制能力得到发展。

■ 游戏准备

1. 废旧纸箱或玩具筐3—4个，在纸箱上系上背带，幼儿可以拉着走或跑。

软球或者沙包若干个（数量为幼儿人数的3—4倍）。

呼啦圈若干个（数量比幼儿人数少3—4个）。

2. 将呼啦圈摆成一个大圆圈，每个呼啦圈内放置3—4个软球或沙包。在大圆圈外放置3—4个可以拉动的废旧纸箱或玩具筐。场地布置如图：

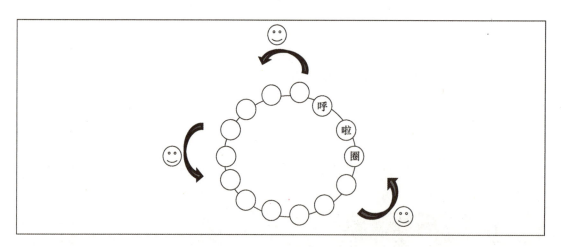

■ 游戏玩法

1. 请3—4名幼儿站在大圆圈外，其他的幼儿每人站在一个呼啦圈内。

2. 游戏开始，站在大圆圈外的幼儿拉着废旧纸箱或玩具筐按同一个方向围着圆圈跑，站在呼啦圈内的幼儿将自己呼啦圈内的软球或沙包投进移动的废旧纸箱内。

3. 幼儿跑一圈后，大家一起数一数每个废旧纸箱或玩具筐里有几个沙包或软球，再一起算一算一共有多少个沙包或软球被投进了废旧纸箱或玩具筐里。

4. 请幼儿说一说向移动的目标投掷有什么感受，有什么好的方法可以准确地把沙包或软球投进移动的废旧纸箱或玩具筐里。

5. 放慢速度移动废旧纸箱或玩具筐，请幼儿试一试沿着目标移动的方向，将沙包或软球投向废旧纸箱或玩具筐将要达到的位置，是不是可以将球投进去。

6. 交换角色，继续游戏。

游戏规则

1. 投掷的幼儿要站在自己的呼啦圈内进行投掷，否则即使投中也不算。
2. 每名投掷的幼儿只能从自己站着的呼啦圈里拿取沙包或软球进行投掷。
3. 投到废旧纸箱或玩具筐之外的沙包或软球，在统计投中数量后再去捡。

指导建议

1. 本游戏适合6岁左右的幼儿。
2. 拉着废旧纸箱或玩具筐跑动的幼儿，距离投掷的幼儿有多远，跑动的速度有多快，都可以由幼儿自己决定，教师不必做出规定。这样可以让幼儿随时变化游戏的难度，幼儿会对游戏有更浓的兴趣，也有助于培养幼儿的自主性。

（游戏"看谁投得准"参照图1-51）

图1-51 游戏"看谁投得准"

第五节 钻爬

1 彩虹伞

（游戏设计：李凡、李慧萍）

■ **游戏名称**

"彩虹伞"。

■ **游戏目标**

1. 体验游戏的快乐，喜欢与小朋友们一起做游戏。
2. 在一定的范围内四散地钻爬。
3. 身体的灵活性和协调性得到提高。

■ **游戏准备**

1. 彩虹伞1把。
2. 幼儿会说儿歌。
3. 场地布置如图：

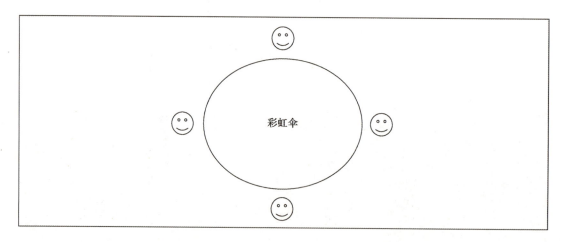

■ **游戏玩法**

1. 游戏开始，教师和几名幼儿一起拉起彩虹伞，其他的幼儿钻到彩虹伞的下面。
2. 教师和幼儿一起说儿歌："彩虹伞，转呀转，一会儿快来一会儿慢；彩虹伞，真漂亮，宝贝出来晒太阳。"一边说儿歌，教师和拉着伞的幼儿一边向同一个方向行走，其他的幼儿在伞下钻来钻去。
3. 当说完儿歌"宝贝出来晒太阳"这句话时，拉住伞的幼儿将伞放在地面上。伞下的幼儿迅速从彩虹伞下钻出来，爬到彩虹伞的上面。

4.交换几名幼儿拉彩虹伞，游戏反复进行。

游戏规则

1.幼儿在彩虹伞的下面要钻来钻去，不能站着不动。

2.只有当说完"宝贝出来晒太阳"后，幼儿才能钻出来，爬到彩虹伞上。

指导建议

1.本游戏适合3—4岁的幼儿。

2.游戏人数不可过多，应限制在15人以内。

3.在活动中，教师可以调整语气调动幼儿的兴趣，例如说到"宝贝出来"的时候，可以放慢速度或者拖长音，然后突然说出"晒太阳"，以增强幼儿游戏的兴趣。

（游戏"彩虹伞"参照图1-52）

图1-52 游戏"彩虹伞"

2 毛毛虫变蝴蝶

（游戏设计：李凡、李赟）

■ 游戏名称

"毛毛虫变蝴蝶"。

■ 游戏目标

1. 喜欢与小朋友们一起做游戏，并保持情绪愉快。
2. 练习屈膝沿曲线形路线向前爬。
3. 身体的协调性得到发展。

■ 游戏准备

1. 曲线形纸板垫若干块（越多越好）。

毛毛虫的头饰若干个（数量与幼儿人的数相等）。

2. 场地布置如图：

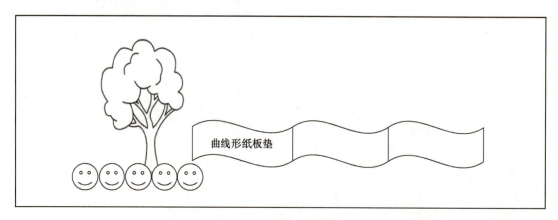

■ 游戏玩法

1. 情境创设：毛毛虫为了要变成美丽的蝴蝶，每天都在爬行、运动，把自己的身体锻炼得棒棒的。终于，毛毛虫变成了美丽的蝴蝶，在大树和鲜花的周围飞来飞去，快乐地游戏。

2. 幼儿戴头饰扮演毛毛虫。

3. 游戏开始，教师模仿蝴蝶翩翩起舞，对幼儿说："小毛毛虫们，你们看蝴蝶多漂亮啊，你们想变成美丽的蝴蝶吗？只要大家每天坚持锻炼，就可以变成美丽的蝴蝶了。现在让我们一起锻炼身体吧！"

4. 教师带领毛毛虫依次爬过曲线形纸板垫。

5. 毛毛虫变成了美丽的蝴蝶，围着大树飞来飞去。

6. 教师说："小蝴蝶们，该休息一会儿了。"

7. 游戏结束。

游戏规则

1. 幼儿爬行的时候，要按照曲线形纸板垫不断地调整爬行的方向，手和腿不能爬到曲线形纸板垫的外面。

2. 幼儿爬行的时候，要一个一个进行，教师在起点处掌握间隔距离，每名幼儿要根据教师的示意开始爬。

指导建议

1. 本游戏适合3—4岁的幼儿。

2. 曲线形纸板垫铺成的小路可以设置多条，幼儿可以在任意一条小路上爬行，从而增加幼儿爬行的次数。教师只需引导幼儿向同一个方向爬即可，以免幼儿之间相互碰撞。

3. 教师可以利用场地周围真实的大树，让游戏更有真实的感觉。

（游戏"毛毛虫变蝴蝶"参照图1-53）

图1-53 游戏"毛毛虫变蝴蝶"

3 小火车钻山洞

（游戏整理：李凡、孟帆）

▪ 游戏名称

"小火车钻山洞"。

▪ 游戏目标

1. 喜欢参与游戏活动，愿意遵守游戏规则。
2. 练习弯腰钻过较矮较长的物体。
3. 背肌、腹肌和四肢肌肉的力量得到锻炼。

▪ 游戏准备

1. 地垫若干块（不少于6块）。
2. 幼儿会说儿歌。
3. 场地布置如图：

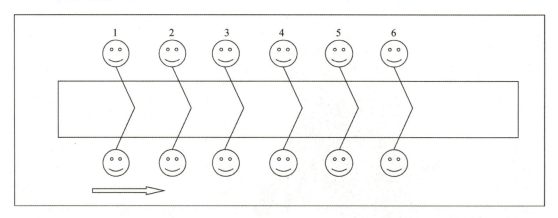

▪ 游戏玩法

1. 幼儿面对面站成两队，高举双手与对面的幼儿双手握在一起，搭成山洞。
2. 幼儿一起说儿歌："小火车，长又长，钻过山洞运货忙，一节一节小车厢，看看谁能跟得上。"
3. 当说完"看看谁能跟得上"的时候，最后的两名幼儿松开手，从山洞里往前钻，一边钻一边大声说："小车厢来了！"
4. 倒数第二节"车厢"用同样的方法钻山洞。以此类推，依次钻过山洞，每次钻进山洞的幼儿都大声说："小车厢来了！"
5. 钻出山洞的幼儿再次面对面，用双手搭成山洞。

6. 全部幼儿钻完后，游戏结束。

游戏规则

1. 听到"看看谁能跟得上"后，小车厢才能出发。
2. 面对面的两名幼儿要一前一后钻山洞。
3. 每组两名幼儿钻出山洞后，要继续用双手搭起山洞。

指导建议

1. 本游戏适合3—4岁的幼儿。
2. 幼儿也可以换成爬行的方式过山洞。如果用爬行的方式过山洞，教师可以将幼儿分成两组，一组幼儿搭山洞，另一组幼儿爬过山洞，然后两组幼儿交换。
3. 游戏可以循环进行，教师把握停止的时间。
4. 可以从前面的两名幼儿开始往队尾方向钻，哪边的场地较为空旷就往哪个方向钻。

（游戏"小火车钻山洞"参照图1-54）

图1-54　游戏"小火车钻山洞"

④ 小蜗牛去旅游

（游戏设计：李凡、孟帆）

■ 游戏名称

"小蜗牛去旅游"。

■ 游戏目标

1. 愿意参与游戏，体验到与小朋友们一起做游戏带来的快乐。
2. 能手脚着地，慢慢地在草地上四散地爬。
3. 听指令做动作的能力和身体的协调性得到发展。

■ 游戏准备

1. 小蜗牛的头饰若干个（数量与幼儿的人数相等）。
安全干净的草地。
玩具房子2座。
爬爬小手垫若干副。
2. 幼儿会说儿歌《快乐的小蜗牛》。
3. 场地布置如图：

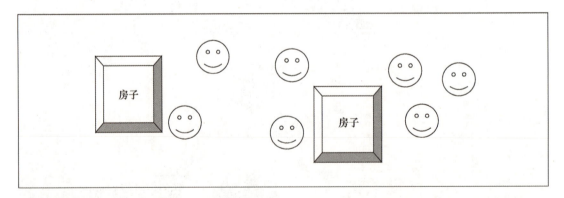

■ 游戏玩法

1. 幼儿头戴小蜗牛的头饰扮演小蜗牛。
2. 游戏开始，小蜗牛一边在草地上四散地爬行，一边说儿歌："我是快乐的小蜗牛，背着房子去旅游，伸出两只小犄角，一边看来一边走，从来不回头，天南地北去旅游，刮风下雨都不怕，躲进小屋乐悠悠。天晴了，我再走，我是快乐的小蜗牛。"

3. 当说到"刮风下雨都不怕"的时候,小蜗牛躲进准备好的房子里面。说完"我是快乐的小蜗牛"后,小蜗牛继续出来爬行。

4. 重复游戏。

5. 教师视幼儿的情绪和体力情况把握活动结束时间。

游戏规则

1. 说到"躲进小屋乐悠悠"的时候,幼儿就要爬进房子里面。

2. 小蜗牛要手脚着地爬行。

指导建议

1. 本游戏适合3—4岁的幼儿。

2. 游戏最好分组进行,每组人数不宜过多。

3. 房子的空间一定要足够大,以免幼儿在游戏时发生拥挤。

4. 活动前,教师要先检查场地的安全,以防尖锐物弄痛幼儿的皮肤。

(游戏"小蜗牛去旅游"参照图1-55)

图1-55 游戏"小蜗牛去旅游"

5 蚂蚁搬豆

（游戏设计：李凡、马晨、凌燕）

游戏名称

"蚂蚁搬豆"。

游戏目标

1. 喜欢参与游戏，并感受到游戏带来的快乐。
2. 练习灵活地手膝着地钻爬。
3. 动作的灵活性和协调性得到发展。

游戏准备

1. 纸箱子若干个，当作山洞（两组以上）。

小桶2个。

报纸裹成的球若干个，当作豆豆（数量为幼儿人数的3—4倍），分散放在场地上。

2. 场地布置如图：

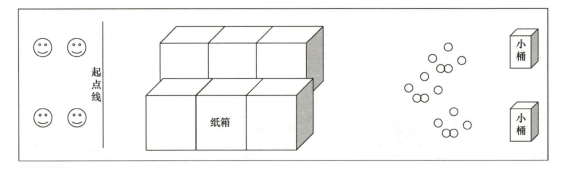

游戏玩法

1. 幼儿扮演小蚂蚁，排成两队站在起点线后。教师扮演蚂蚁妈妈。

2. 游戏开始，蚂蚁妈妈说："宝宝们，那边有很多豆豆，我们一起把它们搬回家吧。"

3. 小蚂蚁依次从起点线起点开始手膝着地钻爬，钻过山洞爬到有豆豆的场地上。捡起一个豆豆，继续向前。爬到小桶的面前将捡到的豆豆放在小桶内。从场地的外侧跑回自己的队伍，站到本队的队尾，下一名幼儿继续游戏。

4. 幼儿依次进行，直到捡完所有的豆豆，游戏结束。

游戏规则

1. 爬行时，幼儿要手膝着地。
2. 每名幼儿每次只能拾一粒豆豆回家。
3. 前面一名幼儿爬过山洞后，下一名幼儿便可以出发。

指导建议

1. 本游戏适合3—5岁的幼儿。
2. 如果是5岁左右的幼儿，游戏可以调整为计时赛。在一定的时间内，各队的幼儿依次爬行捡豆豆。计时结束，哪队捡回的豆豆多，哪队获胜。

（游戏"蚂蚁搬豆"参照图1-56）

图1-56 游戏"蚂蚁搬豆"

6 小动物学本领

（游戏设计：李凡、刘扬）

■ 游戏名称

"小动物学本领"。

■ 游戏目标

1. 喜欢参与游戏，并感受到游戏带来的快乐。
2. 学习听指令手脚着地向前、向后或向指定位置爬行。
3. 注意力和身体的协调性得到提高，四肢肌肉的力量得到锻炼。

■ 游戏准备

1. 安全的大草坪。

小鼓、铃鼓各1面。

小狗、小猫、小猴子的图片贴在小房子上，当作小动物的家，放置于场地的四周。

小狗、小猫、小猴子的头饰若干个（数量与幼儿的人数相等）。

2. 场地布置如图：

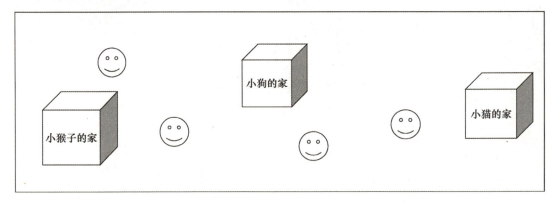

■ 游戏玩法

1. 幼儿头戴头饰分别扮演小狗、小猫、小猴子。

2. 情境创设：小狗、小猫、小猴子是好朋友，它们经常一起做游戏，一起锻炼身体。今天它们要练习新的本领了——听鼓声做动作。

3. 游戏开始，当教师用手敲击小鼓发出"咚咚咚"的声音，小动物们手脚着地往前爬。当教师用手指轻叩小鼓发出"嗒嗒嗒"的声音,小动物们就向后倒退着爬。当教师敲击铃鼓发出"哗啦啦"的声音,小动物们就要爬回自己的家。

游戏规则

幼儿要分辨不同的鼓声,并根据鼓声转换爬行方向。

指导建议

1. 本游戏适合4—5岁的幼儿。

2. 在爬行的过程中,教师要提示幼儿倒退爬的时候注意周围的幼儿,以免碰撞。

3. 教师可以根据幼儿的情况适当调整爬行的难度。例如,在场地上散落一些沙包、软棍等障碍物,提示幼儿爬行的时候不能碰到这些障碍物。

(游戏"小动物学本领"参照图1-57)

图1-57 游戏"小动物学本领"

7 小老鼠上灯台

（游戏设计：杨雪扬、骆春圆）

◼ 游戏名称

"小老鼠上灯台"。

◼ 游戏目标

1. 喜欢与小朋友们一起做游戏，并感受到游戏带来的快乐。
2. 练习灵活快速地钻和跑。
3. 身体的灵敏度和快速反应的能力得到提高。

◼ 游戏准备

1. 大米、豆子、水果等多种食物的小图片若干张（数量为幼儿人数的1/4）。
2. 幼儿会说儿歌。

◼ 游戏玩法

1. 幼儿手拉手站成一个大圆圈。
2. 游戏开始，教师任选几名幼儿扮演小老鼠站在圈外。
3. 幼儿一起说儿歌："小老鼠上灯台，偷油吃，下不来，猫来了，猫来了，叽里咕噜叽里咕噜滚下来。"说儿歌的时候，小老鼠钻进圆圈内做偷吃食物的样子，并频繁地钻进钻出。
4. 当说完儿歌的最后一个字时，拉手的幼儿突然蹲下，圆圈内的小老鼠要在周围幼儿蹲下之前快速钻出来跑掉。被圈在圆圈内的小老鼠视为被捉到。
5. 教师清点被捉到的小老鼠。
6. 幼儿互换角色，继续游戏。

◼ 游戏规则

1. 说完儿歌的最后一个字，圆圈内的小老鼠才能往外跑，拉手的幼儿才能蹲下。
2. 小老鼠要频繁地在拉手的幼儿之间钻来钻去。如果只站在圈外不钻进圆圈里，将被视为总吃不到东西，即使最后没有被圈到圆圈内，也视为被饿死了。

◼ 指导建议

1. 本游戏适合4—5岁的幼儿。

2. 当幼儿熟悉游戏玩法后,教师可以增加游戏的难度。例如,拉手的幼儿一边说儿歌一边向一个方向转圈走。

(游戏"小老鼠上灯台"参照图1-58)

图1-58 游戏"小老鼠上灯台"

⑧ 小乌龟接力赛

(游戏设计:李凡、韩巧巧)

▪ 游戏名称

"小乌龟接力赛"。

▪ 游戏目标

1. 积极参与游戏活动,体验到合作游戏带来的快乐。
2. 练习手膝着地快速而平稳地爬。
3. 身体的协调性和灵活性及身体姿势的控制能力得到提高。

游戏准备

1. 小乌龟的头饰若干个（数量与幼儿的人数相等）。

沙包若干个（数量为幼儿人数的5—6倍）。

体操垫12个。

拱形门8个。

纸箱子4个。

2. 场地布置如图：

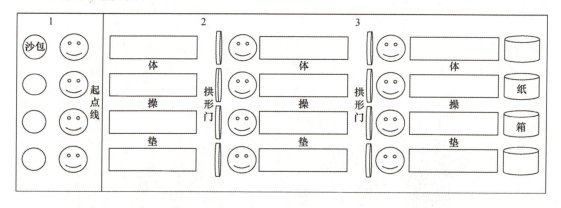

游戏玩法

1. 幼儿头戴小乌龟的头饰扮演小乌龟，分成4队，站在起点线前。

2. 游戏开始，每队第一名幼儿的背上放一个沙包，手膝着地爬过垫子，再用手拿着沙包侧身钻过拱形门，把沙包放在下一名幼儿的背上，站在第二名幼儿的位置。

3. 第二名幼儿背着沙包，手膝着地爬过垫子，手拿沙包钻过拱形门，再将沙包放在第三名幼儿的背上，第二名幼儿站在第三名幼儿的位置。

4. 第三名幼儿背着沙包，手膝着地爬过垫子后，将沙包投进前方的纸箱里。第三名幼儿跑回去站在第一名幼儿的位置，继续游戏。

5. 所有的沙包运完时游戏结束。先运完的一队为获胜队。

游戏规则

1. 沙包是接力物，只有当传递沙包的幼儿把沙包放在下一名幼儿的背上后才能出发。

2. 每名幼儿完成自己的运动后，要站在下一名幼儿的位置，最后一名的幼儿回到第一名幼儿的位置，循环接力。

指导建议

1. 本游戏适合4—5岁的幼儿。

2. 幼儿即将接沙包的时候，要提前在垫子前准备好。

（游戏"小乌龟接力赛"参照图1-59）

图1-59　游戏"小乌龟接力赛"

❾ 小猪敲鼓

（游戏设计：李凡、郭宏）

■ 游戏名称

"小猪敲鼓"。

■ 游戏目标

1. 愿意参与游戏活动，并保持情绪愉快。
2. 能侧面钻过离地60厘米高的松紧带。
3. 身体的协调性和灵活性得到提高。

游戏准备

1. 小椅子10把，两两一对拉好5根离地60厘米高的松紧带。

装满水的大饮料瓶5个。

小鼓1面，鼓槌1把，鼓架1副。

2. 场地布置如图：

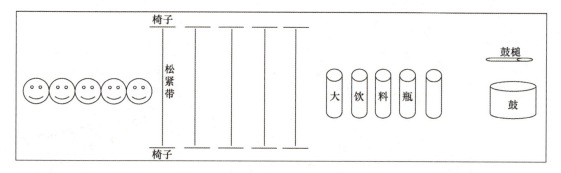

游戏玩法

1. 教师扮演猪妈妈，幼儿扮演小猪宝宝。

2. 游戏开始，猪妈妈说："小猪宝宝们，我们要加强身体锻炼了，不然我们长得太胖了，就容易得很多病。今天我们就来练习钻过栏杆和绕障碍跑，完成这个动作的小猪宝宝就敲一下鼓，再跑回来。"教师一边讲一边示范从侧面钻过栏杆（松紧带）的动作。

3. 小猪宝宝依次钻过栏杆，沿S形路线绕过大饮料瓶跑到鼓的前面，拿起鼓槌敲一下鼓，再从外侧跑回起点。

4. 下一名幼儿听到鼓声后出发，幼儿依次进行游戏，直到最后一名幼儿完成全部动作跑回起点。

5. 游戏结束。

游戏规则

1. 幼儿要侧面钻过5道栏杆。

2. 前一名幼儿敲响鼓后，下一名幼儿才能出发。

指导建议

1. 本游戏适合4—5岁的幼儿。

2. 关注幼儿侧面钻的动作，必要时教师要做示范或请幼儿做示范。

3. 当幼儿熟练掌握侧面钻的动作后，教师可以适当降低松紧带的高度。

（游戏"小猪敲鼓"参照图1-60）

图1-60 游戏"小猪敲鼓"

❿ 钻过竹竿

（游戏设计：杨雪扬、郭宏）

■ 游戏名称

"钻过竹竿"。

■ 游戏目标

1. 喜欢参与游戏活动，与小朋友们一起做游戏感到快乐。
2. 能侧身钻过高度约50厘米的障碍物。
3. 灵活钻的能力和腿部的力量得到发展。

■ 游戏准备

1. 竹竿若干根（3根以上）。
小椅子若干把（数量为竹竿数量的2倍）。
2. 竹竿平行摆放，每根竹竿间隔约3米，将竹竿的两端架在小椅子上。场地布置如图：

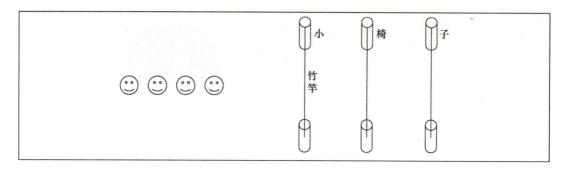

游戏玩法

1. 幼儿排成一列纵队，站在第一根竹竿的前面。

2. 游戏开始，幼儿侧身依次钻过所有的竹竿，排头带领的幼儿从小椅子外侧跑回到第一根竹竿的前面。侧身钻时，幼儿应左转身体，下蹲，用眼睛看所要钻过的竹竿，重心在左腿，右腿从竹竿下伸出，身体尽量贴近地面，低头，然后将重心移至右腿，身体钻过竹竿后起身，即完成一次侧身钻的动作。

3. 钻第二遍时，幼儿依旧依次侧身钻过所有的竹竿。返回时，再用同样的动作从最后一根竹竿开始，侧身钻过所有的竹竿。

4. 钻第三遍时，幼儿侧身钻过单数竹竿，迈过双数竹竿，再从小椅子外侧跑回。

5. 所有的幼儿完成动作后，游戏结束。

游戏规则

1. 幼儿须按照侧身钻的动作要领钻过每一根竹竿，教师视幼儿侧面钻的情况做适当的示范和引导。

2. 前一名幼儿钻过第二根竹竿后，下一名幼儿才开始钻。幼儿依次进行游戏。

指导建议

1. 本游戏适合4—6岁的幼儿。

2. 当幼儿熟练掌握一个方向的侧身钻动作后，再练习另一个方向的侧身钻。

3. 在最初学习侧面钻时，为了避免幼儿将竹竿碰触掉落，教师要将椅子背对背摆放，然后将竹竿放置在椅背撑上。幼儿钻的时候，脸要面对椅子背。

4. 竹竿的高度可以根据幼儿的身高和侧面钻的能力适当调整，由易到难，循序渐进。

（游戏"钻过竹竿"参照图1-61）

图1-61 游戏"钻过竹竿"

⑪ 猫和老鼠

（游戏设计：李凡、凌燕）

■ 游戏名称

"猫和老鼠"。

■ 游戏目标

1. 喜欢参与集体游戏，并感受到参与游戏的快乐。
2. 练习手膝着地快爬、快钻和躲闪跑。
3. 身体的协调性和灵活性得到发展。

■ 游戏准备

1. 猫、老鼠的头饰若干个（数量分别为幼儿人数的一半）。

大纸箱1个，当作粮仓，放置在场地的一端，内装沙包若干当作粮食（数量为幼儿人数的一半）。

拱形门若干个（4—6个）。

垫子若干个（4—6个）。

2. 幼儿会说儿歌。

3. 场地布置如图：

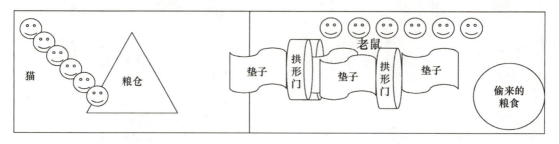

游戏玩法

1. 情境创设：粮仓里储存了很多粮食，小猫负责保护这些粮食，它们每天开着车围着粮仓转，看有没有人来偷粮食。但是，有时小猫也会贪玩。这一天，小猫开着车出去玩了，老鼠看到小猫走了，就大着胆子到粮仓去偷粮食。老鼠把偷来的粮食藏到了自己的家里。小猫回来了，发现粮食都没了，于是到处寻找，它们发现了老鼠并夺回了被偷走的粮食。

2. 一半幼儿头戴小猫的头饰扮演小猫，一半幼儿头戴老鼠的头饰扮演老鼠。

3. 游戏开始，小猫作手握方向盘状，一边在粮仓的周围转一边说儿歌："猫儿猫儿真叫棒，每天都来守粮仓。猫儿猫儿爱游戏，悄悄跑到外面去。"说完儿歌，小猫四散地开车玩耍。

4. 老鼠跑到粮仓将粮食拿走，爬过垫子钻过拱形门，将粮食放到自己的家里。在家的周围四散地玩耍。

5. 小猫说儿歌："猫儿猫儿别贪玩，快快回去守粮仓！"说完儿歌，小猫爬过垫子，钻过拱形门，去追老鼠。

6. 教师说："猫儿猫儿别追了，快把粮食收回仓。"小猫夺回粮食，回到粮仓。

7. 游戏结束。

8. 幼儿交换角色，游戏重新开始。

游戏规则

1. 老鼠将粮食运回家的时候，以及猫追老鼠的时候，都要爬过垫子，钻过拱形门。

2. 每只老鼠和每只小猫运送粮食的时候只能拿一个。

3. 教师说完"快把粮食收回仓"后，小猫不能再追老鼠。

指导建议

1. 本游戏适合4—5岁的幼儿。

2. 游戏场地不易过大，否则幼儿说儿歌的时候会听不见。

3. 初次做游戏的时候可以由教师扮演小猫，待幼儿熟悉游戏玩法后，再由幼儿扮演小猫。

⑫ 小刺猬运土豆

（游戏设计：张平、王佳）

■ 游戏名称

"小刺猬运土豆"。

■ 游戏目标

1. 喜欢与小朋友们一起做游戏，愿意遵守游戏规则。
2. 能灵活快速地手膝着地爬行。
3. 团队意识得到培养。

■ 游戏准备

1. 纸球若干个（数量与幼儿的人数相等）。

地垫6块。

拱形门4个。

小筐4个。

2. 在场地的两端分别画两条直线，一条表示起点线，一条表示刺猬的家。在起点线前放置2个小筐，内装纸球。在刺猬的家放置2个空筐。场地布置如图：

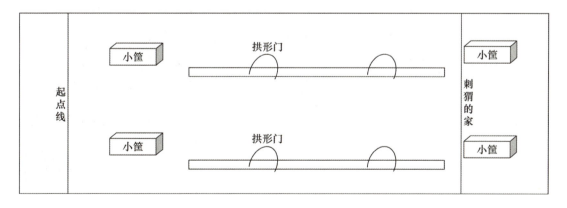

■ 游戏玩法

1. 情境创设：小刺猬种的土豆丰收了，它们要去地里挖土豆了。它们要把土豆运回家，储存起来留在寒冷的冬天里吃。小刺猬拿着挖出来的土豆，爬了很远很远的路，又钻过两个小山洞，终于把土豆运回了家。

2. 幼儿扮演小刺猬，分成两队，分别站在起点线后。

3. 游戏开始，每队第一名幼儿跑到小筐前拿起一个纸球握在手中，手膝着地爬过垫子，钻过拱形门，跑到对面的家里，将纸球放到小筐内。

4. 前面一名幼儿钻过第一个拱形门，后一名幼儿即可出发。

5. 直至最后一名幼儿完成游戏，游戏结束。

■ 游戏规则

在爬行的过程中，幼儿手中要始终握住纸球。如果纸球掉落，幼儿要马上捡起，回到掉落处继续游戏。

■ 指导建议

1. 本游戏适合4—5岁的幼儿。

2. 教师可以竞赛形式组织本游戏，促进幼儿更加快速而灵活地爬行。

（游戏"小刺猬运土豆"参照图1-62）

图1-62 游戏"小刺猬运土豆"

13 小马运粮

（游戏设计：李慧萍）

■ 游戏名称

"小马运粮"。

■ 游戏目标

1. 积极主动地参与游戏，能遵守游戏规则。
2. 能手脚着地爬行并保持身体姿势的平稳。
3. 身体的协调性及四肢的力量得到提高。

■ 游戏准备

1. 沙包若干个（数量与幼儿的人数相等）。
拱形门6个。
长约3.5米的纸板桥两组。
2. 场地的两端画有两条直线，分别为起点线和终点线。场地布置如图：

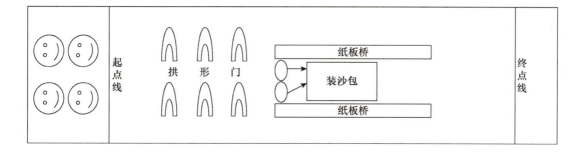

■ 游戏玩法

1. 幼儿扮演小马，分成两队，分别站在起点线后。
2. 游戏开始，每队第一名幼儿跑到拱形门前，正面钻过拱形门，拿起一包粮食（沙包）放到后背上，手脚着地爬过纸板桥，跑到终点线后站好。
3. 第一名幼儿钻过拱形门后，第二名幼儿即可出发，到达终点线后站到第一名幼儿的身后排队。幼儿依次进行游戏。
4. 幼儿将本队的粮食全部运完后，游戏结束。

■ 游戏规则

幼儿爬过纸板桥时,沙包不能落地。如果沙包落地,幼儿需要返回纸板桥的起点,重新开始爬行。

■ 指导建议

1. 本游戏适合4—5岁的幼儿。

2. 教师要引导幼儿观察不让沙包掉下来的动作要领,让幼儿学习控制自己的动作,在爬行的时候将头抬起,后背尽量保持平稳。

⑭ 穿越防线

（游戏设计：李赟、谢珍金）

■ 游戏名称

"穿越防线"。

■ 游戏目标

1. 积极主动地参与集体游戏,喜欢与小朋友们合作游戏。

2. 能灵活地钻、爬。

3. 创造性思维和勇敢克服困难的精神得到培养,身体的柔韧性与协调性得到提高。

■ 游戏准备

1. 跳绳若干条（数量与幼儿的人数相等）。

红旗2面,插在场地的一端。

2. 幼儿看过士兵训练的视频。

■ 游戏玩法

1. 教师扮演指挥员,幼儿扮演士兵。

2. 幼儿分为两队,其中一队为布置防线的队伍,另一队为穿越防线夺取红旗的队伍。

3. 教师给幼儿5分钟时间,各队商量如何利用跳绳布置防线,为对方夺取红旗设置障碍。

4. 游戏开始,每队派出一名幼儿用"石头、剪刀、布"的猜拳方式,决定由哪一队先布阵,哪一队先穿越防线。

5. 布阵的一队幼儿利用跳绳设置各种障碍,穿越防线的一队幼儿用爬、钻、跨、跳等方式穿越防线。全体队员均穿越防线达到另一端后可以夺取一面红旗。

6. 两队交换任务，游戏再次开始。

7. 在两队没人碰到绳子，均成功穿越防线的情况下，用时较短的一队获胜。

8. 如果均有人碰到绳子，以碰到绳子人数较少的一队为获胜队。

9. 游戏结束。

游戏规则

1. 穿越防线的幼儿在穿越时不能碰到绳子，如果碰到，则此次挑战失败，这名幼儿可以重新穿越。每名幼儿有两次穿越的机会。如果再次穿越时仍然碰到绳子，则这名幼儿仍可以继续游戏，但最后统计本组穿越成绩的时候，将被计入未成功穿越人数之中。

2. 布置防线的一队幼儿在另一队幼儿闯关时不能随意或故意移动绳子的位置。如有移动，就视为犯规，即使穿越防线的一队幼儿有人碰到绳子也不算失败。

指导建议

1. 本游戏适合5—6岁的幼儿。

2. 游戏中有钻、爬之类的动作，建议教师选择有草坪的场地。

3. 每道防线之间的距离最好不少于1米。

（游戏"穿越防线"参照图1-63）

图1-63 游戏"穿越防线"

15 爬过"电网"

（游戏设计：杨雪扬、李伊）

■ **游戏名称**

"爬过'电网'"。

■ **游戏目标**

1. 喜欢参与游戏，具有竞争意识。
2. 能动作协调地爬行。
3. 灵活爬的能力、身体的协调性和柔韧性得到提高。

■ **游戏准备**

1. 网子1张，大小约为7米长、5米宽，上面系有小铃铛。

小椅子4把。

垫子若干块。

废旧轮胎若干个。

2. 将网子的四角分别系在4把小椅子上，将椅子分散摆开使网子拉平，网面距地面35厘米左右，作为电网。

距离网子约5米处，用轮胎堆积成一定高度的山丘，将垫子覆盖在轮胎上。

■ **游戏玩法**

1. 幼儿扮演士兵，分成两列纵队，站在起点线后。

2. 游戏开始，教师发出"爬过电网训练开始"的指令。每队第一名幼儿快速跑到电网前，身体左侧卧趴下，左手手臂屈肘，小臂着地，双腿屈膝。爬行时，屈回右腿蹬地，同时伸出左臂，利用右腿和左臂的力量使身体前移。爬行的过程中，左臂始终是小臂着地。

3. 士兵以匍匐前进的动作爬过电网，跑到山丘的前面，爬过山丘。从场地的外侧跑回队伍，拍下一名士兵的手，排到本队的队尾。

4. 下一名士兵出发，继续游戏。

5. 先完成训练的一队获胜。全体士兵完成训练后，游戏结束。

游戏规则

1. 爬过电网时,士兵须匍匐前进。

2. 爬过电网时,士兵不得碰触网子。如果碰触网子使铃铛发出声音,这名士兵需要在完成整个动作后再训练一次。这将会影响本队的成绩。

指导建议

1. 本游戏适合5—6岁的幼儿。

2. 爬过山丘时,士兵可以用任意动作爬行,只要翻越过去即视为成功。

3. 匍匐前进可以锻炼幼儿臂部、腿部和腰背肌肉的力量,以及身体的协调性和柔韧性,使幼儿爬的动作更为灵活。在练习匍匐前进时,教师应左右交替练习,使幼儿的四肢力量得到均衡发展,身体左右侧的协调性均衡提高。

4. 电网的大小和高度、山丘的高度,以及电网和山丘的数量,均可以根据幼儿的人数和动作发展水平进行调整。

16 小小邮递员

（游戏设计：李凡、王佳）

游戏名称

"小小邮递员"。

游戏目标

1. 积极主动地参与游戏,体验到坚持完成任务带来的快乐。

2. 用双肘和膝盖匍匐前进。

3. 注意力得到发展,动作的协调性和控制能力得到提高。

游戏准备

1. 废旧的篮球网2张,小椅子8把,小铃铛若干个。用小椅子将废旧篮球网撑起来当作电网,在2张电网上系上几个小铃铛。

垫子若干个,铺放在电网前。

废旧纸箱2个,放置在垫子前当作邮箱。

可以斜挎的小书包2个,内装信件若干封（数量与每队幼儿的人数相等）。

快节奏的音乐。

2. 场地布置如图：

邮递员队伍 ☺☺☺☺ ☺☺☺☺	🚫	电网	🚫	垫	邮箱
邮递员队伍 ☺☺☺☺ ☺☺☺☺				子	邮箱

▪ 游戏玩法

1. 幼儿分成两队站好，每队第一名幼儿背上书包。

2. 游戏开始，两队的第一名邮递员起跑，匍匐爬过电网，跑向垫子，再次匍匐爬过垫子，跑向邮箱。从小书包里拿出一封信放进邮箱里，然后迅速从外侧跑回自己的队伍。

3. 跑回的邮递员将小书包取下交给下一名邮递员，下一名邮递员出发，游戏继续。

4. 最后一名邮递员返回后，游戏结束。

▪ 游戏规则

1. 钻过电网的时候，幼儿不能碰到电网。如果碰到电网，网上的铃铛响起，则视为这名幼儿没有成功爬过电网。

2. 幼儿必须背好小书包才能出发。

3. 幼儿每人每次只能投放一封信件。

4. 如果幼儿忘记投放信件，需要跑回去投放后才能继续游戏。

▪ 指导建议

1. 本游戏适合5—6岁的幼儿。

2. 游戏前，教师可以带领幼儿探索穿过电网的动作，请匍匐爬行做得好的幼儿进行示范。

3. 教师可以根据幼儿对匍匐爬行动作的掌握情况适当调整电网的高度。

4. 教师可以将几块垫子衔接摆放，让幼儿在垫子上匍匐爬行的距离稍长一些，以便为幼儿提供更多练习的机会。

（游戏"小小邮递员"参照图1-64）

图1-64　游戏"小小邮递员"

17 勇敢的消防队员

（游戏设计：李凡、王佳）

■ 游戏名称

"勇敢的消防队员"。

■ 游戏目标

1. 积极主动地参与游戏，愿意尝试具有一定难度的游戏。
2. 练习匍匐爬行的动作。
3. 遵守游戏规则的意识得到培养，动作的灵活性和协调性得到提高。

■ 游戏准备

1. 轮胎若干个（10个左右）。

玩具喷水枪若干把（数量与幼儿的人数相等）。

2. 将轮胎一个挨一个连成一串摆放在地上；轮胎的一端画一条起点线，轮胎的另一端5米左右的位置，放置一个插塑搭成的楼房；喷水枪整齐地码放在场地边上。场地布置如图：

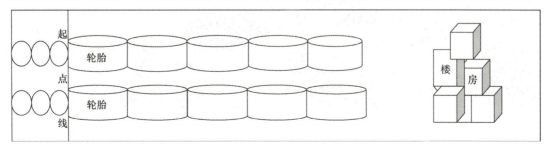

游戏玩法

1. 幼儿扮演消防队员，教师扮演消防队长。

2. 游戏开始，消防队长说："前方发现火情，请消防队员立刻做好准备。"消防队员立刻跑到场地边上，拿好水枪。

3. 消防队长说："所有的队员集合，成两路纵队站好，出发！"

4. 幼儿分两队站在起点线后，消防队长说："前面的高楼发生火灾，但是这里正在施工，我们只能匍匐前进爬过这段长梯，才能到那边去灭火。为了避免拥挤，前面一名队员爬过长梯后，第二名队员才能出发。大家听明白了没有？"

5. 两队的第一名消防队员出发，匍匐爬过长梯，向高楼喷水。第二名消防队员出发。幼儿依次而行。

6. 最后一名消防队员完成后，游戏结束。

游戏规则

1. 幼儿要用匍匐爬行的动作完成任务。

2. 第二名幼儿开始喷水时，第一名幼儿要从外侧回跑队伍。

指导建议

本游戏适合5—6岁的幼儿。

（游戏"勇敢的消防队员"参照图1-65）

图1-65 游戏"勇敢的消防队员"

18 抓地鼠

（游戏设计：李凡、张金红）

■ 游戏名称

"抓地鼠"。

■ 游戏目标

1. 积极主动地参与游戏，并感受到游戏带来的快乐。
2. 能灵活地向前或改变方向钻行较长的一段距离。
3. 合作意识得到发展，懂得相互配合才能取得胜利。

■ 游戏准备

1. 大废旧纸箱若干个（越多越好）。
铃鼓1面。
2. 将废旧纸箱连成几个长短不一的地洞，随意放置在场地内。

■ 游戏玩法

1. 幼儿1—4号报数，1—3号幼儿扮演地鼠，每3只地鼠成为一个小队。地鼠以小队为单位，站在场地内。4号幼儿扮演捉鼠人，站在场地外。
2. 游戏开始，各队的地鼠在地洞中钻行寻觅食物。教师击鼓3声，捉鼠人跑进场地，开始堵地洞。
3. 被堵在地洞里的地鼠即视为被捉住。
4. 约50秒后，教师再次击鼓3声，教师清点被抓住的地鼠的数量，游戏结束。
5. 幼儿轮换角色，游戏再次进行。

■ 游戏规则

1. 地鼠要3人为一个小队，集体行动。钻地洞的时候向同一个方向钻，避免地鼠在地洞里碰撞拥挤。
2. 当捉鼠人堵住一侧地洞的洞口时，地鼠可以快速地从另一个洞口钻出。
3. 地鼠要不停地在各个地洞里钻行觅食，否则被视为饿死。
4. 捉鼠人可以追赶没有钻进地洞的地鼠，并将它们赶进地洞里，堵住洞口将其捉住。捉鼠人不能在地洞外面抓地鼠。

5. 捉鼠人不能进入地洞。

指导建议

1. 本游戏适合5—6岁的幼儿。

2. 教师启发扮演捉鼠人的幼儿想一想，怎样才能尽快捉住地洞里的地鼠。教师可以引导幼儿两两合作，围堵地洞。

3. 教师启发扮演地鼠的幼儿想一想，怎样最快地确定本小队应从哪个洞口逃出、有哪些迷惑和引诱捉鼠人的策略。

4. 纸箱最好有多个洞口，以便有效地增加游戏的挑战性和幼儿的兴趣。

（游戏"抓地鼠"参照图1-66）

图1-66 游戏"抓地鼠"

⑲ 夺旗大赛

（游戏设计：李凡、孙琼）

■ 游戏名称

"夺旗大赛"。

■ 游戏目标

1. 积极主动地参与游戏，体验到合作游戏带来的快乐。
2. 能灵活并连续地从侧面钻过拱形门。
3. 能正确地看待输赢，合作交往能力和规则意识得到培养。

■ 游戏准备

1. 拱形门8个。

红旗2面。

2. 将拱形门摆成两排，每排4个，每个拱形门间隔1.5米左右。在每排第一个拱形门上插一面红旗。场地的两端分别画一条直线。场地布置如图：

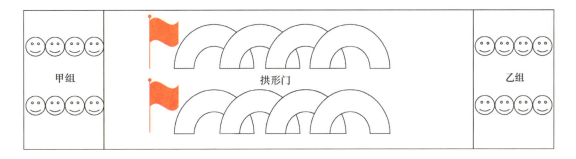

■ 游戏玩法

1. 将幼儿分为人数相等的两队，每队幼儿分成甲、乙两组，分别站在场地的两端。
2. 游戏开始，每队甲组的第一名幼儿快速跑到拱形门前，连续侧面钻过4个拱形门，再快速跑到本队乙组，与乙组的第一名幼儿击掌后，排到乙组的队尾。
3. 每队乙组的第一名幼儿同样快跑—侧面钻—快跑，与本队甲组的第二名幼儿击掌，然后排到甲组的队尾。
4. 以此类推，迎面接力，直至各队最后一名幼儿。各队最后一名幼儿钻出最后一个拱形门后，拔下红旗，跑回本队甲组将红旗交给第一名幼儿。第一名幼儿举起红旗，示意本队完成接力赛。

5. 先完成的一队获胜，游戏结束。

■ 游戏规则

1. 前一名幼儿返回后需要拍下一名幼儿的手，下一名幼儿方可出发。

2. 最后一名幼儿要将红旗拔下交给第一名幼儿。如果忘记拔掉红旗，最后一名幼儿要返回取到红旗再跑回来。

3. 钻过拱形门时，幼儿要以侧面钻的动作完成，如果幼儿正面钻过拱形门则需重新钻。

■ 指导建议

1. 本游戏适合5—6岁的幼儿。

2. 教师要关注幼儿侧面钻的动作。如果游戏进行两遍，教师可以鼓励幼儿换个方向侧面钻。

❷⓿ 地道战

（游戏设计：杨雪扬）

■ 游戏名称

"地道战"。

■ 游戏目标

1. 积极主动地参与游戏，在与小朋友们的合作中感受到快乐。
2. 练习灵活地钻，能看手势、听指令快速变化动作。
3. 身体的敏捷性和快速反应能力得到提高，注意力得到发展。

■ 游戏准备

幼儿能够分辨向左转、向右转，会看教师的手势。

■ 游戏玩法

1. 幼儿分成5个小组，第一组幼儿站在场地的边缘，其他的幼儿站成四路纵队。

2. 游戏开始，教师发出"搭地道"的指令，同时双臂在体侧斜下25°位置打开。幼儿看到手势，立刻做同样的动作，并与左右相邻的幼儿手拉手。站在场地边缘的幼儿开始在幼儿手拉手形成的低矮通道里快速钻行。

3. 教师发出"向左/右——转"的指令，搭地道的幼儿立刻松开手，向左/右转体，与转体后相邻的幼儿手拉手。钻地道的幼儿可以根据地道的变化改变钻的方向。

4. 教师发出"注意——变"的指令，同时双臂前平举。搭地道的幼儿立刻松开手，将双臂前平举，搭在前面幼儿的肩上。钻地道的幼儿在地道下快速钻行。

5. 幼儿轮换角色，游戏继续进行。

6. 所有的幼儿都钻过地道后，游戏结束。

游戏规则

1. 搭地道的幼儿要根据教师的指令和手势，快速变化身体的方向和拉手的幼儿。

2. 钻地道的幼儿只能在搭地道幼儿手臂形成的通道下钻行。

指导建议

1. 本游戏适合5—6岁的幼儿。

2. 幼儿人数较多的集体更适合组织本游戏。

3. 教师应鼓励幼儿自己创新搭地道的动作。例如，幼儿蹲下，双臂侧平举，与左右相邻的幼儿拉手，形成更加低矮的地道；或幼儿蹲下，一手斜上举，一手侧平举，与旁边的幼儿拉手，形成一行高、一行低的地道等。

4. 教师的指令和手势要相对固定，以便幼儿明确如何变换动作。当幼儿对指令和手势非常熟悉后，可以由幼儿替代教师发出指令，锻炼幼儿在众人的面前大胆讲话和果断做出决定的能力。

第六节 平衡

1 小转椅

（游戏设计：刘学艳、雷小娟）

游戏名称

"小转椅"。

游戏目标

1. 积极参与游戏活动，并保持情绪愉快。

2. 能两人手拉手闭眼转3圈或自转3圈后保持身体的平衡。

3. 平衡能力和动作的控制能力得到提高。

游戏准备

幼儿会说儿歌。

游戏玩法

1. 两名幼儿一组,相对站立。
2. 玩法一:游戏开始,幼儿说儿歌:"小转椅,真好玩。转呀转,转呀转,转了一圈就站站。"一边说儿歌一边手拉手闭眼转一圈。
3. 幼儿继续说儿歌:"小转椅,真好玩。转呀转,转呀转,转了两圈就站站。"说完儿歌,幼儿围着呼啦圈转两圈,站稳后与对面的幼儿拉拉手。
4. 第三次说儿歌时将儿歌改成"……转了三圈就站站",两名幼儿手拉手闭眼转3圈。
5. 玩法二:儿歌相同,幼儿自转,转回原位后相互击掌。
6. 游戏结束。

游戏规则

幼儿说完儿歌后要马上站稳,两人相互手拉手。

指导建议

1. 本游戏适合3—4岁的幼儿。
2. 两名幼儿手拉手,有助于幼儿在闭眼转圈时克服害怕的心理。自转后相互击掌,有助于帮助幼儿转回原位,并体验成功的快乐。

(游戏"小转椅"参照图1-67)

图1-67 游戏"小转椅"

❷ 小兔拔萝卜

（游戏设计：刘学艳、王浩、梁佳）

■ 游戏名称

"小兔拔萝卜"。

■ 游戏目标

1. 喜欢与小朋友们一起做游戏。
2. 练习在25厘米宽的平行线之间行走。
3. 平衡能力得到发展。

■ 游戏准备

1. 小筐2个。

萝卜图片若干张（数量为幼儿人数的2—3倍）。

2. 场地上画间隔25厘米的平行线两组。场地布置如图：

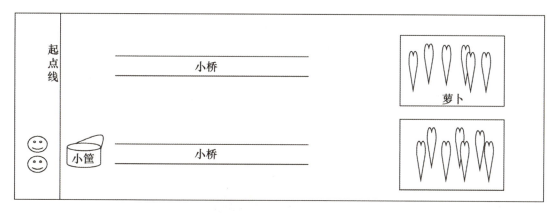

■ 游戏玩法

1. 幼儿头戴小兔子的头饰扮演小兔子，教师扮演兔妈妈。

2. 情境创设：小兔子一家种了很多萝卜。萝卜成熟了，兔妈妈要带小兔子走过小桥去拔萝卜，再走过小桥把萝卜送回家。

3. 兔妈妈说："宝宝们，我们种的萝卜长大啦，今天妈妈带你们去拔萝卜，好吗？要走到那片萝卜地，就要经过一座小桥，走过小桥的时候，宝宝们要一个跟着一个，小心地走过去，不要掉到桥下面。"兔妈妈一边说一边示范在平行线之间行走。

4. 兔妈妈带着小兔子走过小桥。

5. 每只小兔子拔一个萝卜,返回时,要走过另一座小桥把萝卜放到小筐里。

6. 小兔子可以反复走过小桥去拔萝卜,直到把所有的萝卜都送回家,游戏结束。

■ 游戏规则

1. 小兔子要在小桥中间走,不能踩线。

2. 每次每只小兔子只能拔一个萝卜。

3. 兔妈妈和小兔子去拔萝卜的时候走一座小桥,往回送萝卜的时候要走另一座小桥。

■ 指导建议

1. 本游戏适合3—4岁的幼儿。

2. 萝卜的数量可以多一些,这样容易激发幼儿的兴趣,也为幼儿提供更多练习平衡能力的机会。

(游戏"小兔拔萝卜"参照图1-68)

图1-68 游戏"小兔拔萝卜"

❸ 过小河

（游戏设计：王浩、韩燕）

■ 游戏名称

"过小河"。

■ 游戏目标

1. 积极参与游戏活动，并保持情绪愉快、精神饱满。
2. 在指定路线行走的过程中保持身体的平衡。
3. 身体的协调性得到发展。

■ 游戏准备

1. 用泡沫块或硬纸板剪成长20厘米、宽10厘米的石头若干个，涂上好看的颜色，摆在场地上。

一封信。

一个小白兔的家。

2. 场地布置如图：

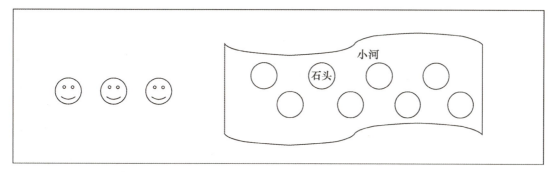

■ 游戏玩法

1. 一名教师扮演小白兔。
2. 情境创设：小白兔过生日，要请小朋友们去它家做客。小朋友们要踩着小河里的石头过河，才能到小白兔的家。
3. 教师说："小朋友们，你们瞧，这里有封信，我看看，是寄给谁的？是谁寄来的呢？"
4. 教师将信的内容念给幼儿听："亲爱的小朋友们，今天是我的生日，欢迎小朋友们来我家做客呀！小白兔"。
5. 教师念完信后向幼儿提问："这是谁寄来的信啊？小白兔为什么请我们去它家呢？"
6. 幼儿回答后，教师说："那现在我们出发吧！"教师带领幼儿一个跟着一个走，走到石头前说:"瞧,那里就是小白兔的家了,可是这里有一条河,我们怎么过去呢?"

7. 幼儿和教师一起踩着石头,勇敢地走到河对岸。

8. 教师带领幼儿跟小白兔一起唱生日歌、一起蹦蹦跳跳。

9. 大家与小白兔再见,按原路返回。

游戏规则

1. 幼儿要一个跟着一个踩着石头过河。
2. 幼儿回家时,要按照原路踩着石头返回。

指导建议

1. 本游戏适合3—4岁的幼儿。
2. 过小河走石头时,教师可以提示幼儿将双臂打开以保持身体平衡。
3. 过小河前,教师请幼儿排好队,一个接一个的走,以免太过拥挤掉进河里。
4. 教师对勇敢走过小河的幼儿进行鼓励或表扬,肯定他们克服困难的勇气。

(游戏"过小河"参照图1-69)

图1-69 游戏"过小河"

❹ 小熊过桥

（游戏设计：李赟、雷小娟）

■ 游戏名称

"小熊过桥"。

■ 游戏目标

1. 积极主动地参与游戏，体验到与小朋友们一起做游戏带来的快乐。
2. 能在宽度为10厘米的窄路上保持平衡向前走。
3. 身体的平衡能力得到提高，身体运动的协调能力得到发展。

■ 游戏准备

1. 小熊的头饰若干个（数量比幼儿的人数少3个）。
   小兔、小羊、小猫的头饰各1个。
   小熊家图片、小兔家图片、小羊家图片、小猫家图片各1张。
   自制胡萝卜、青草、小鱼若干个（条）（每种数量不少于幼儿的人数）。
   宽度约为10厘米的纸条4张，每张纸条的长度为1—4米，代表小桥。

2. 将4种小动物家的图片分别放置在场地四个方向的边缘，将小桥放置在4个小动物家之间。将3种食物分别放在3个小筐里，放置在小熊的家里。场地布置如图：

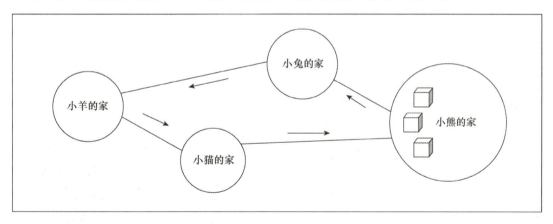

■ 游戏玩法

1. 情境创设：小熊有3位好朋友，分别是小兔、小羊和小猫，大家经常在一起做游戏。有一天，熊妈妈做了很多好吃的，让小熊给这3位好朋友送去。小熊拿着好吃的，走过窄窄的小桥来到了小兔家，把胡萝卜送给了小兔。小熊走过窄窄的小桥来到了小羊家，把新鲜的青草送给了小羊。小熊走过窄窄的小桥来到了小猫家，把美味的小鱼送给了小猫。小熊又走过窄窄的小桥回到家。熊妈妈夸小熊真能干！

2. 游戏开始，幼儿头戴小熊的头饰，站在自己的家里。教师扮演熊妈妈。3名幼儿分别戴小兔的头饰、小羊的头饰和小猫的头饰，站在小兔的家、小羊的家和小猫的家。

3. 熊妈妈说："小熊宝宝们，妈妈准备了很多好吃的，你们把这些好吃的送到小兔的家、小羊的家、小猫的家，好吗？去这些好朋友家的时候，要走过窄窄的小桥，宝宝们要小心，两只脚踩在小桥上走，不要摔倒哦！妈妈在家等你们回来。"教师一边说一边示范走在小桥上的动作。

4. 每只小熊从3种食物中各拿1种，从自己的家出发，踩在小桥上行走，到达小兔的家、小羊的家、小猫的家，分别将小兔、小羊和小猫喜欢的食物送给对方，最后再回到自己的家。

5. 游戏结束。

■ 游戏规则

1. 小熊在过桥的时候，每一步都要踩在小桥上。
2. 小熊送食物的时候，要按照统一的方向和顺序，一个跟着一个走，以保证安全。

■ 指导建议

1. 本游戏适合3—4岁的幼儿。
2. 纸条的宽度和长度可以有一定的差异，形成不同的难度。教师可以根据幼儿的平衡能力引导幼儿有选择地送食物，以满足幼儿的个体差异。
3. 随着幼儿平衡能力的发展，教师可以将平面的纸条换成绳子，让幼儿踩着绳子走，提高游戏的难度。

（游戏"小熊过桥"参照图1-70）

图1-70 游戏"小熊过桥"

5 蚂蚁搬豆

（游戏设计：李慧萍）

■ 游戏名称

"蚂蚁搬豆"。

■ 游戏目标

1. 在有趣的情境运动中感受到游戏带来的快乐。
2. 能保持身体的平衡走过宽25厘米的纸板桥和斜坡。
3. 身体的平衡能力及动作的协调能力得到提高。

■ 游戏准备

1. 蚂蚁的头饰若干个（数量与幼儿的人数相等）。

沙包若干个（数量是幼儿人数的3—4倍）。

25厘米宽、长约3米的纸板桥2座。

用废旧轮胎堆起高15—20厘米的斜坡，上面盖上垫子。

装沙包的容器4个。

圆形筐2个。

2. 幼儿学过《蚂蚁搬豆》的儿歌。
3. 场地布置如图：

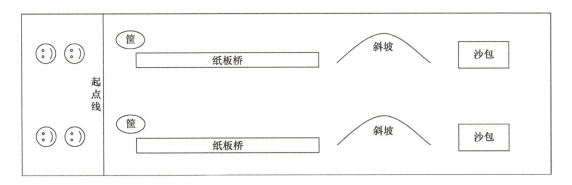

■ 游戏玩法

1. 情境创设：有一只小蚂蚁看到了许许多多的豆子，它高兴极了，心里想："哇，这么多豆子够我们吃一个冬天的了，我要把豆子带回家，和爸爸妈妈、哥哥姐姐，还有很多好朋友一起分享！"可是一个人搬不动这么多豆子啊，于是它赶快回家，喊来了所有的兄弟姐妹还有好朋友。大家团结在一起，你搬一颗豆子，我搬一颗豆子，不一会儿，豆子就被小蚂蚁们搬回了家。

2. 幼儿头戴蚂蚁的头饰扮演小蚂蚁，分成两队站在起点线后。

3. 游戏开始，两队第一名小蚂蚁同时出发，先走过纸板桥，再走过斜坡，拿起一个沙包，从外侧跑回起点线将沙包放到圆形筐内。

4. 前面的小蚂蚁走过纸板桥后，后面一只小蚂蚁便可以出发，幼儿依次进行游戏。教师也可以帮助幼儿掌握间距，示意幼儿在适当的时间出发。

游戏规则

1. 走纸板桥的时候幼儿要左右脚交替行进，脚不能踩到纸板桥以外的地面。
2. 通过斜坡的时候，幼儿只能走不能爬。
3. 幼儿返回时要从外侧跑回，避免两队幼儿出现冲撞。

指导建议

1. 本游戏适合3—4岁的幼儿。
2. 通过纸板桥的时候，教师要提示幼儿左右脚交替向前走。如果幼儿踩到地面，教师应引导幼儿在落地处重新站上纸板桥继续行进。
3. 走过斜坡时，教师要提示幼儿不要推挤，要依次通过。
4. 教师应选择软的塑胶场地，避免幼儿走斜坡时由于重心不稳跌落而造成伤害。
5. 随着幼儿平衡能力的发展和提高，教师可以将纸板桥换成平衡木，并要在平衡木旁对幼儿加以保护。

⑥ 我是小陀螺

（游戏设计：李慧萍）

游戏名称

"我是小陀螺"。

游戏目标

1. 愿意参与游戏，并保持情绪愉快。
2. 练习原地自转，并能保持身体的平衡。
3. 身体的平衡能力得到发展。

游戏准备

幼儿会说儿歌,见过或者玩过陀螺。

游戏玩法

1. 幼儿扮演小陀螺,四散地站在场地内。

2. 游戏开始,小陀螺说儿歌:"小陀螺,爱打转,左转转,右转转,转了一圈就站站!"说完儿歌,小陀螺原地自转一圈,转完回到原点站稳。

3. 小陀螺继续说儿歌:"小陀螺,爱打转,左转转,右转转,转了两圈就站站!"说完儿歌,小陀螺原地自转两圈,转完回到原点站稳。

4. 教师根据幼儿的平衡能力,让幼儿自转三圈,或者重复自转两圈。

5. 游戏结束。

游戏规则

1. 幼儿转圈的过程不能扶任何东西。

2. 幼儿需说完儿歌后再转,以保证幼儿自转时精神集中,并保证自转间隔的时间。

指导建议

1. 本游戏适合3—5岁的幼儿。

2. 提示幼儿每次自转的时候要向不同的方向转,避免幼儿由于连续向同一方向自转而头晕。

7 走过独木桥

(游戏设计:杨雪扬、梁佳、李凡)

游戏名称

"走过独木桥"。

游戏目标

1. 喜欢参与游戏活动,并保持情绪愉快。

2. 能在宽20厘米左右的平行线中间行走。

3. 平衡能力和身体的控制能力得到提高。

游戏准备

1. 小猴子的头饰若干个（数量与幼儿的人数相等）。

铺有方砖的场地，其中有一道或多道宽约20厘米、不同颜色的地砖窄道。

玩具小鱼、小虾、螃蟹等若干个。

2. 在窄道的一端系一根绳子，挂上若干张桃子的图片，高度为幼儿上举起手臂跳起后可以够到的位置，数量与幼儿的人数相等。

将玩具散落放在窄道的两旁，并在地上画上水波纹。场地布置如图：

游戏玩法

1. 幼儿头戴小猴子的头饰扮演小猴宝宝，教师扮演猴妈妈。

2. 游戏开始，教师说："宝宝们，今天妈妈带你们去摘你们最喜欢吃的桃子。可是，桃树长在河对岸，要过河就要走过一条窄窄的独木桥。你们看，那条窄窄的小路就是独木桥。宝宝们要一个跟着一个走，不推也不挤，不要掉到河里面。到了河对岸，宝宝们就可以摘桃子吃啦。"

3. 小猴宝宝跟着猴妈妈，小心地走过独木桥。

4. 每只小猴宝宝只能摘一个桃子，游戏结束。

游戏规则

1. 小猴宝宝要一个跟着一个走过独木桥，不能掉到河里，如果掉到河里了，需要回到起点重新走过独木桥。

2. 每只小猴宝宝只能摘一个桃子。

指导建议

1. 本游戏适合3—4岁的幼儿。

2. 根据场地的条件，教师可以设两座或多座独木桥。幼儿既可以分组同时走独木桥，也可以走完所有的独木桥后再摘桃子。

8 金鸡独立

（游戏设计：刘学艳、宋海燕）

■ 游戏名称

"金鸡独立"。

■ 游戏目标

1. 积极主动地参与游戏，并保持情绪愉快。
2. 能自转一圈后保持平衡并单脚站立。
3. 平衡能力和注意力得到发展。

■ 游戏准备

1. 呼啦圈若干个（数量为10个左右）。
2. 场地布置如图：

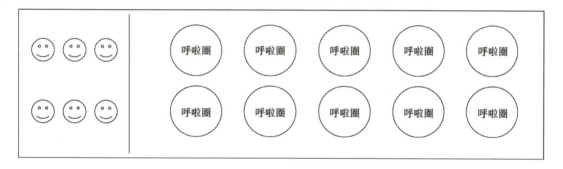

■ 游戏玩法

1. 幼儿分成两队站在场地的一端。
2. 游戏开始，第一名幼儿张开双臂，在第一个呼啦圈前自转一圈，然后单脚踩进圈里，另一条腿向后抬起，身体向前倾斜，做金鸡独立状，保持姿势，自己数5秒钟。
3. 幼儿用同样的方法继续游戏，直至最后一个圈，再从外侧跑回本队的队尾。
4. 前一名幼儿进入第二个圈的时候，下一名幼儿出发，依次进行游戏。
5. 所有的幼儿完成后，游戏结束。

■ 游戏规则

幼儿单脚站立的时候，抬起的脚不能落地，站立的脚可以在呼啦圈内移动或者小幅度跳跃以保持平衡。

指导建议

1. 本游戏适合4—5岁的幼儿。

2. 游戏的目的是使幼儿将注意力集中在保持平衡上，而非完成的速度，所以不建议使用竞赛的形式。

3. 幼儿单脚站立的时候，教师要鼓励幼儿尽量将抬起的腿向后抬高，身体尽量前倾，双臂张开，保持平衡。

（游戏"金鸡独立"参照图1-71）

图1-71 游戏"金鸡独立"

⑨ 小鸭捉鱼

（游戏设计：李慧萍、韩巧巧）

游戏名称

"小鸭捉鱼"。

游戏目标

1. 积极主动地参与游戏，能遵守游戏规则。

2. 练习走平衡木及侧面钻的动作。

3. 身体的平衡能力、协调性和灵活性得到提高。

游戏准备

1. 小鸭子的头饰若干个（数量与幼儿的人数相等）。

 高20—30厘米、宽20—15厘米的平衡木2条。

 自制小鱼若干条（数量与幼儿的人数相等）。

 拱形门6个。

2. 场地布置如图：

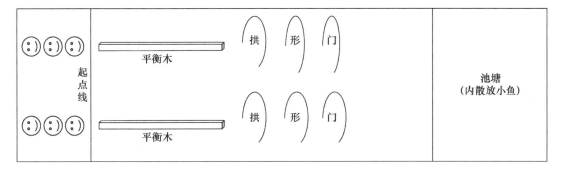

游戏玩法

1. 情境创设：小鸭子要到池塘里去捉小鱼。它们走过窄窄的独木桥，跳进池塘，池塘里有很多的荷叶，小鸭子钻过荷叶，在池塘里捉小鱼吃。

2. 幼儿分成人数相等的两队，头戴小鸭的头饰扮演小鸭子。

3. 游戏开始，小鸭子依次通过独木桥，钻过荷叶，跑到池塘里抓一条小鱼，从外侧游回起点线。

4. 游戏可以反复进行。

游戏规则

1. 幼儿通过平衡木时脚不能落地。如果幼儿从平衡木上掉下来，要回到平衡木的起点线重新走。

2. 幼儿钻过拱形门时，不能将拱形门拱起来挪动位置。

3. 每名幼儿一次只能抓一条小鱼。

指导建议

1. 本游戏适合4—5岁的幼儿。

2. 对于不敢走平衡木的幼儿和平衡能力较弱的幼儿，教师要在平衡木的旁边给予适当的保护。

（游戏"小鸭捉鱼"参照图1-72）

图1-72 游戏"小鸭捉鱼"

❿ 小羊过桥

（游戏设计：张平、韩巧巧）

■ 游戏名称

"小羊过桥"。

■ 游戏目标

1. 喜欢参与游戏，愿意遵守游戏规则。
2. 能与小朋友们一起在窄路上侧身行进，并保持平衡。
3. 合作意识和团队精神得到培养。

■ 游戏准备

1. 大小相同的废旧报纸若干张，将报纸的短边相连，形成独木桥。小羊的头饰若干个（数量与幼儿的人数相等）。

2. 幼儿听过《小羊过桥》的故事。

3. 场地布置如图：

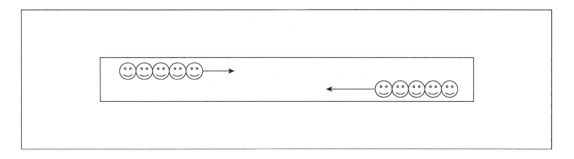

■ **游戏玩法**

1. 幼儿头戴小羊的头饰扮演小羊，分成两组。

2. 教师说："小朋友们，我们都听过《小羊过桥》的故事，故事里的小白羊和小黑羊走到独木桥上，谁也不让谁，最后都掉进了河里。今天，小朋友们就来当小羊，看看用什么办法能不掉进河里，安全地过桥。"

3. 两组小羊分别从独木桥的两端向对方的方向走，在相遇的时候相互侧身相让，安全过桥。

4. 增加游戏的难度：教师将报纸折起一部分，使独木桥变得窄一些，两组小羊再次相对而过。

5. 教师请小羊说一说自己是怎样安全过桥的。

6. 教师再次增加游戏的难度：请每组小羊手拉手，一起过桥。

7. 教师继续增加游戏的难度：请每组小羊臂肘相挽，一起过桥。

8. 让幼儿为自己的团队安全过桥鼓掌，为两组幼儿之间的配合相互击掌，并感谢对方。

9. 游戏结束。

■ **游戏规则**

1. 过独木桥时，幼儿的脚不能踩到报纸之外的地方，否则就视为掉进河里。

2. 幼儿臂肘相挽过独木桥的时候，臂肘不能松开。

■ **指导建议**

1. 本游戏适合4—5岁的幼儿。

2. 独木桥的宽度可以根据报纸本身的宽度和幼儿的平衡能力折叠变窄，从而增加游戏的挑战性，激发幼儿更大的兴趣和团队精神。

（游戏"小羊过桥"参照图1-73）

图1-73　游戏"小羊过桥"

⑪ 走过"雷区"

（游戏设计：杨雪扬、覃秋凤）

■ 游戏名称

"走过'雷区'"。

■ 游戏目标

1. 敢于尝试有一定难度的游戏，为自己的努力而快乐。
2. 能在废旧轮胎上行走并保持平衡。
3. 平衡能力和身体的控制能力得到提高。

■ 游戏准备

1. 废旧轮胎若干个（20个左右），相邻摆放。

沙包若干个（数量与幼儿的人数相等）。

废旧纸箱2—3个。

2. 场地布置如图：

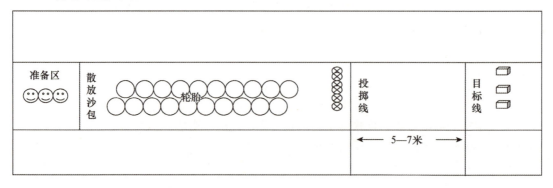

游戏玩法

1. 幼儿扮演士兵,在准备区域排成一列纵队。

2. 游戏开始,教师发出"走过雷区训练现在开始"的指令后,士兵走上轮胎,踩着轮胎的边缘前行。

3. 幼儿走完全部的轮胎后,跑到投掷线前,捡起一个沙包向目标线方向敌人的碉堡(纸箱)投掷。

4. 幼儿从场地的外侧跑回到队尾。

5. 幼儿依次进行,全部完成投掷回到队伍后,游戏结束。

游戏规则

1. 通过雷区时,士兵只有踩在轮胎的边缘前行才能安全走过。如果掉下轮胎则视为踩中地雷,需要从场地的外侧回到队尾重新排队游戏。

2. 幼儿投掷沙包时,要采用肩上挥臂投物的方式,不可越过投掷线投掷。

指导建议

1. 本游戏适合4—6岁的幼儿。

2. 4—5岁的幼儿在做游戏时,目标线与投掷线的距离可以缩短到5米左右。幼儿投掷沙包时,教师不必强调击中敌人的碉堡,只需让幼儿投向目标线即可。敌人的碉堡可以作为提高幼儿游戏兴趣的道具。5—6岁的幼儿做游戏时,目标线与投掷线的距离为6—7米,教师可以引导幼儿向敌人的碉堡投掷。

(游戏"走过'雷区'"参照图1-74)

图1-74 游戏"走过'雷区'"

12 过悬桥

（游戏设计：杨雪扬、李静萍）

■ 游戏名称

"过悬桥"。

■ 游戏目标

1. 敢于参与具有一定难度的游戏，并为自己能克服害怕心理、参与游戏感到快乐。
2. 能保持身体平衡走过有倾斜高度的平衡木。
3. 平衡能力和身体的控制能力得到发展。

■ 游戏准备

1. 废旧轮胎若干个。

宽约20厘米、长120厘米的木板若干块（木板的数量是轮胎数量的2倍）。

2. 将轮胎成一字形分散放置在场地上，每个轮胎的边缘搭放2块木板。木板的一端与轮胎的边缘接触；另一端放在地上，形成倾斜角度。场地布置如图：

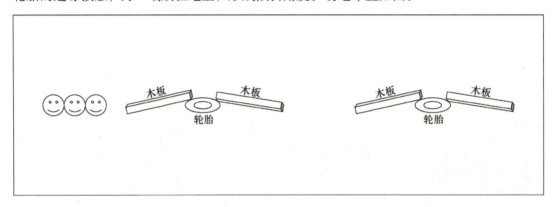

■ 游戏玩法

1. 幼儿扮演士兵，成一列纵队站在场地的一端。

2. 游戏开始，教师发出"今天，我们的训练项目为——过悬桥，请大家做好准备，出发"的指令后，第一名士兵走上悬桥。士兵要先踩上悬桥的一端，此时悬桥一端低一端高。士兵先上坡，然后经过轮胎，再下坡。当士兵走下悬桥后，一个动作完成。士兵用同样的动作依次走完所有的悬桥。

3. 前一名士兵走过第一座悬桥后,第二名士兵出发,依次进行游戏。

4. 最后一名士兵走下最后一座悬桥后,训练完成,游戏结束。

游戏规则

走过悬桥时,士兵要凭借打开的双臂和控制身体的动作来保持平衡。若掉下悬桥则视为此次训练失败,需要回到这座悬桥的起点重新走过。

指导建议

1. 本游戏适合5—6岁的幼儿。

2. 悬桥的数量可以根据幼儿的人数和实际条件灵活调整。

3. 废旧轮胎有软硬之分,比较软的轮胎对幼儿的平衡能力要求更高。因此,在选择轮胎的时候,教师可以根据幼儿的平衡能力有所取舍。

(游戏"过悬桥"参照图1-75)

图1-75 游戏"过悬桥"

13 轮胎跳跳跳

（游戏设计：杨雪扬、李伊）

■ 游戏名称

"轮胎跳跳跳"。

■ 游戏目标

1. 喜欢利用废旧材料做游戏，并感受到运动带来的快乐。
2. 能脚踩废旧轮胎的边缘原地纵跳并保持平衡。
3. 平衡能力、跳跃能力和身体的控制能力得到发展。

■ 游戏准备

1. 废旧轮胎若干个（20个左右）。
2. 幼儿熟悉且节奏感强的音乐。
3. 将轮胎在场地上摆成相邻的两排，并在两端分别放置一个轮胎。场地布置如图：

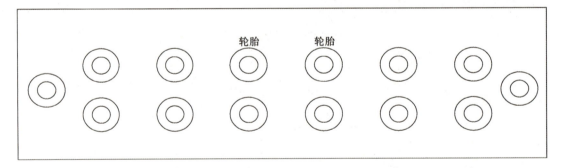

■ 游戏玩法

1. 幼儿扮演士兵，分成两队，面对面分别站在两排轮胎的后面。
2. 游戏开始，教师发出"今天的训练项目是轮胎跳跳跳，请各位士兵做好准备"的指令，幼儿分别站在面前的轮胎上，两脚开立踩好轮胎的边缘以保持平衡。
3. 音乐响起，士兵随着音乐的节奏在轮胎上弹跳。当教师按照任意乐句或段落并发出"下——换——上——跳"的指令时，士兵要先走下轮胎，再走向自己的右侧，换到旁边的轮胎前，踩上轮胎，再开始起跳。
4. 教师根据幼儿的情绪和体力把握游戏结束时间。

游戏规则

每次交换位置，幼儿都要向自己的右侧走，走到与自己相邻的轮胎前。

指导建议

1. 本游戏适合5—6岁的幼儿。

2. 4—5岁的幼儿玩本游戏时，教师可以将轮胎摆成一字形。

3. 在轮胎上弹跳，幼儿需要随时控制身体的动作以保持平衡，包括从轮胎上来、下来和重新踩上轮胎的过程。因此，在交换位置的环节，教师要提前给予提示，例如说完"准备，换位置"后再发出其他的指令。

4. 轮胎与轮胎之间的距离不宜太近，以幼儿伸手不会相互影响活动为宜。

5. 出于安全考虑，本游戏不建议以竞赛的形式开展。

（游戏"轮胎跳跳跳"参照图1-76）

图1-76 游戏"轮胎跳跳跳"

⑭ 平衡大考验

（游戏设计：李慧萍、李伊）

■ 游戏名称

"平衡大考验"。

■ 游戏目标

1. 积极主动地参与游戏，愿意遵守游戏规则。
2. 能快速平稳地走过平衡木，练习向目标肩上挥臂投掷。
3. 平衡能力和注意力得到发展，投掷的准确性得到提高。

■ 游戏准备

1. 平衡木2个。

大圆圈2个。

沙包若干个（数量不少于幼儿的人数）及装沙包的容器2个。

高40厘米、直径1米的大滚筒2个。

2. 场地布置如图：

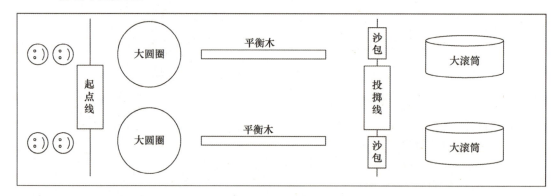

■ 游戏玩法

1. 幼儿分成人数相等的两队，站在起点线后。
2. 游戏开始，每队第一名幼儿从起点线跑到大圆圈内，两臂侧平举，闭眼转3—5圈。
3. 幼儿左右脚交替快速地走过平衡木。
4. 幼儿跑到投掷线处，取一个沙包，向前方的大滚筒内投掷沙包。

5. 第一名幼儿从外侧跑回起点线后，拍第二名幼儿的手，随后排到队尾。

6. 第二名幼儿出发，游戏依次进行。

游戏规则

1. 幼儿在大圆圈内自转的时候要闭上双眼。
2. 走过平衡木的时候，如果幼儿从上面掉落下来，要重新登上平衡木再走一遍。
3. 幼儿在投掷时需要站在投掷线外。
4. 两队幼儿向回跑时均需从外侧跑回。
5. 如果完成游戏的幼儿没有拍下一名幼儿的手，下一名幼儿不可以出发。

指导建议

1. 本游戏适合5—6岁的幼儿。
2. 如果幼儿的平衡能力比较弱，教师可以提示幼儿放慢速度走过平衡木。
3. 投掷线与大滚筒之间的距离为4—5米，教师可以根据幼儿投掷的实际水平适当调整。

（游戏"平衡大考验"参照图1-77）

图1-77 游戏"平衡大考验"

15 小小飞机运输忙

（游戏设计：李慧萍、韩巧巧）

■ 游戏名称

"小小飞机运输忙"。

■ 游戏目标

1. 积极主动地参与游戏，愿意遵守游戏规则。
2. 尝试在平举的手臂上放沙包行走，不让沙包掉落。
3. 身体的平衡能力及动作的协调能力得到提高。

■ 游戏准备

1. 平衡木2条。

装沙包的小筐4个。

沙包若干个（数量与幼儿的人数相等）。

2. 场地布置如图：

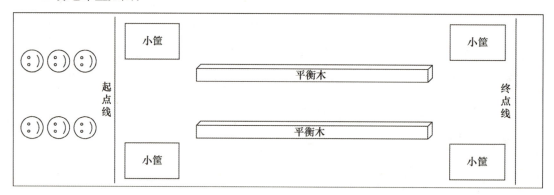

■ 游戏玩法

1. 情境创设：幼儿张开双臂扮演小飞机，把货物（装在小筐里的沙包）从一边运到另一边（另一端的小筐里），飞行中要保持好平衡，以确保安全。

2. 将幼儿分成人数相等的两队，站在起点线后。

3. 游戏开始，每队第一名幼儿拿起一个沙包，张开双臂模拟小飞机，从平衡木上走过，再跑到终点线将沙包放置到小筐里，从外侧飞回起点线，排到本队的队尾。

4. 前面一架小飞机走到平衡木终点线的时候，下一架小飞机出发，小飞机依次执行任务。直至本队最后一架小飞机完成并飞回本队。

5. 第二次执行飞行任务时增加难度：幼儿走过平衡木后，取一个沙包放在手臂上，张开双臂保持平衡，从外侧走或者跑回来，将沙包放在起点线的小筐里。

6. 小飞机运回所有的货物并归队后，游戏结束。

游戏规则

1. 走过平衡木的时候，幼儿不能掉下来。如果掉下来，幼儿要从平衡木的起点线登上平衡木重新走。

2. 第二次执行任务的时候，幼儿将沙包放在手臂上往回走或者跑回来都可以，但沙包不能掉下来。如果沙包掉落，幼儿要从掉落处捡起沙包重新放好再继续游戏。

指导建议

1. 本游戏适合5—6岁的幼儿。

2. 如果条件允许，教师可以增加2条平衡木，为幼儿提供更多练习平衡的机会。

（游戏"小小飞机运输忙"参照图1-78）

图1-78 游戏"小小飞机运输忙"

16 小小杂技演员

（游戏设计：李慧萍、王佳）

■ 游戏名称

"小小杂技演员"。

■ 游戏目标

1. 积极主动地参与游戏，愿意遵守游戏规则。
2. 练习平衡走及跑的动作。
3. 身体的平衡能力及动作的协调能力得到提高。

■ 游戏准备

1. 高约5厘米的积木块若干块（20块左右）。

毽子若干块（数量与幼儿的人数相等）。

废旧纸箱2个。

2. 地上画有宽约15厘米的曲形小路。场地布置如图：

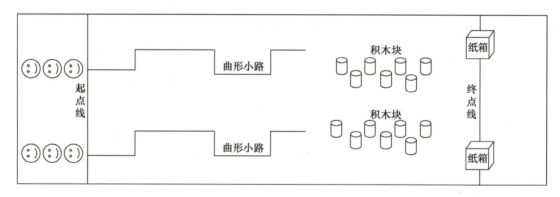

■ 游戏玩法

1. 幼儿自由组合，分成两队站在起点线后。每名幼儿自取一个毽子。

2. 第一名幼儿将毽子放在头顶，保持平衡走过曲形小路，再走过积木块，走到终点线将毽子从头顶取下，放入纸箱中。从外侧跑回本队的队尾。

3. 当前一名幼儿走上积木块的时候，后一名幼儿将毽子放在头顶出发，用同样的方法前进。幼儿依次进行游戏。

4. 最后一名幼儿跑回队伍后,游戏结束。

游戏规则

1. 幼儿头顶毽子行走时,毽子不能落地。如果落地,幼儿需要捡起毽子,放在头顶继续游戏。
2. 幼儿通过积木块时,脚不能落地。如果落地,幼儿需要从落地处重新站上积木块继续游戏。
3. 跑回的幼儿要排到本队的队尾。

指导建议

1. 本游戏适合5—6岁的幼儿。
2. 教师可以根据幼儿的平衡能力,用踩踏面积较大的纸砖等物品代替积木块。
3. 如果幼儿的平衡能力有限,教师可以不使用积木块,让幼儿头顶毽子自转3圈,然后走向终点线。

(游戏"小小杂技演员"参照图1-79)

图1-79 游戏"小小杂技演员"

17 种树忙

（游戏设计：李慧萍、张金红）

■ 游戏名称

"种树忙"。

■ 游戏目标

1. 积极主动地参与游戏，愿意遵守游戏规则。
2. 能在轮胎上行走、弯腰或蹲下，同时保持平衡。
3. 身体的平衡能力及动作的协调能力得到提高。

■ 游戏准备

1. 轮胎若干个（10—12个）。
自制小树苗若干棵（数量为幼儿人数的3倍）。
小筐若干个（6个左右）。
滚筒2个。
2. 场地布置如图：

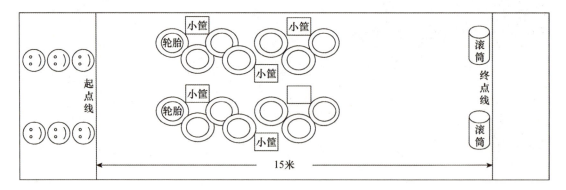

■ 游戏玩法

1. 幼儿分成人数相等的两队，每名幼儿手拿3棵小树苗，站在起点线后。
2. 游戏开始，每队第一名幼儿跑到轮胎的前面，走上摆放成S形的轮胎上，每到弯道处弯腰或者蹲下种一棵树（将小树苗放在一个小筐里）。
3. 第一名幼儿跑到终点线绕过滚筒，再从外侧跑回起点线。
4. 第一名幼儿种完第二棵树的时候，第二名幼儿出发，后面的幼儿依次而行，直至本队最后一名幼儿完成游戏。

5. 游戏结束。

游戏规则

通过轮胎的时候，幼儿的脚不能从轮胎上掉下来，特别是弯腰或者蹲下种树时，要保持身体平衡。如果脚落地，幼儿应在落地处重新站上轮胎继续行进。

指导建议

1. 本游戏适合5—6岁的幼儿。
2. 教师可以根据实际情况适当调整轮胎的数量。

（游戏"种树忙"参照图1-80）

图1-80 游戏"种树忙"

18 走大鞋

（游戏设计：韩燕、王浩、张金红）

▌游戏名称

"走大鞋"。

▌游戏目标

1. 体验合作游戏的愉悦和配合成功后的成就感。
2. 能两人同穿一双大鞋保持平衡向前行走。
3. 平衡能力及互相协作的精神得到发展。

▌游戏准备

1. 用木板自制的大鞋若干双（数量为幼儿人数的一半），每只大鞋的前后位置分别带有2个横向的宽松紧带。
2. 场地布置如图：

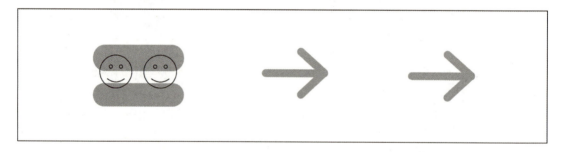

▌游戏玩法

1. 请幼儿自由组合，两人一组，选择一双大鞋。
2. 幼儿一前一后，分别将自己的脚放进大鞋的宽松紧带内。
3. 两人一同向前行进。
4. 引导幼儿说一说两个人同穿一双大鞋的感受，怎样才能行走，怎样才能保持平衡。
5. 两人交换前后位置，再次尝试行走。

▌游戏规则

1. 幼儿的脚要穿进宽松紧带，将松紧带勒在脚面的位置，以保证幼儿的安全。
2. 行走时，持两名幼儿的脚要保持同在大鞋上。如果幼儿的脚从大鞋中脱落，要重新穿好后继续行走。

指导建议

1. 本游戏适合5—6岁的幼儿。

2. 初次游戏时，教师可以准备左右两只颜色不同的大鞋，方便幼儿在行走时同时迈出同侧的腿。

3. 幼儿相互配合较为默契且平衡能力发展较好后，教师可以让几组幼儿从起点线同时出发，进行比赛。但在游戏初期不建议使用竞赛形式，以便使幼儿将注意力集中在两人的相互配合上。

4. 本游戏也可以作为亲子游戏进行。如果幼儿与家长玩本游戏，建议家长在前，幼儿在后，从而方便用力。

（游戏"走大鞋"参照图1-81）

图1-81 游戏"走大鞋"

第七节 综合协调性游戏

① 送娃娃上幼儿园

（游戏设计：韩燕、王浩、李赟）

■ **游戏名称**

"送娃娃上幼儿园"。

■ **游戏目标**

1. 喜欢参与游戏活动，并保持情绪愉快。
2. 能向指定方向骑小车，腿部的力量得到锻炼。
3. 动作的控制能力和身体的协调性得到发展。

■ **游戏准备**

1. 拖斗的三轮车若干辆（数量与幼儿的人数相等）。
布娃娃若干个（数量与幼儿的人数相等）。
玩具小屋2座。
2. 在每辆小车的车斗里放1个娃娃，将车辆放置在场地的一端。场地布置如图：

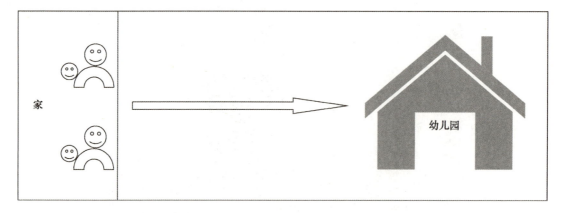

■ **游戏玩法**

1. 情境创设：小朋友每天都要上幼儿园，娃娃也要上幼儿园了，小朋友要骑车送娃娃去幼儿园。小朋友送娃娃上幼儿园的路上要注意安全，送到幼儿园要和娃娃说再见。
2. 游戏开始，幼儿每人选取一辆三轮车。
3. 教师说："今天天气真好，我们带着自己的宝宝骑车去玩玩吧。"幼儿骑着三轮车在场地内四散地骑行。

4. 教师说："现在送宝宝上幼儿园的时间到了，请大家骑车送宝宝去幼儿园吧。"幼儿向玩具小屋的方向骑行，将娃娃送进幼儿园，模仿爸爸妈妈送自己上幼儿园时候的样子，和娃娃道别。

5. 教师说："宝宝在幼儿园会与老师和小朋友们一起做很多游戏，爸爸妈妈们放心去上班吧。"幼儿在场地内四散地骑行。

6. 教师说："幼儿园要放学了，接宝宝的时间到了。"幼儿骑车到幼儿园，将娃娃接出来放在车上。

7. 幼儿骑车回家，游戏结束。

游戏规则

1. 幼儿要在指定范围内四散地骑行。
2. 骑车的时候，幼儿要相互避让，如果撞车了，就要把车送到修理厂（幼儿在场地外暂停游戏）。

指导建议

1. 本游戏适合3—4岁的幼儿。
2. 幼儿能自如地控制三轮车后，教师可以在场地上增设障碍物，请幼儿骑车绕行。
3. 教师在玩具小屋处扮演幼儿园的教师，有助于引导幼儿使用礼貌用语与人交往。

（游戏"送娃娃上幼儿园"参照图1-82）

图1-82 游戏"送娃娃上幼儿园"

❷ 把球滚过门

（游戏设计：谢珍金、李静萍、李慧萍）

■ 游戏名称

"把球滚过门"。

■ 游戏目标

1. 喜欢参与游戏，能在游戏中感受到快乐。
2. 向指定方向滚球。
3. 手、眼的协调能力和动作的控制能力得到发展。

■ 游戏准备

1. 皮球若干个（数量为幼儿人数的一半）。

拱形门若干个（数量为幼儿人数的一半）。

2. 场地布置如图：

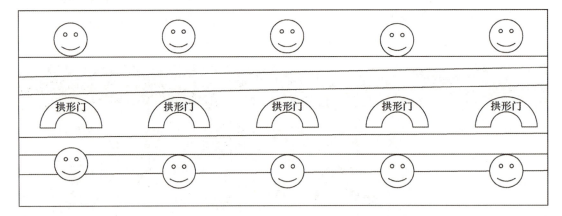

■ 游戏玩法

1. 幼儿两人一组，面对面蹲在拱形门的两端。
2. 每组幼儿一个球，将球放在地上，用双手将球滚过拱形门。
3. 蹲在对面的幼儿将滚过来的球接住，再将球通过拱形门滚向对面的幼儿。
4. 两人将球滚来滚去，游戏循环进行。

■ 游戏规则

1. 幼儿要将球滚过拱形门，不能手不离球。

2. 接球的幼儿要等球滚过球门后才能接球。

■ **指导建议**

1. 本游戏适合3—4岁的幼儿。

2. 游戏初期教师可以不画滚球的起点线，幼儿与拱形门的距离可以由幼儿自定。当幼儿能够控制滚球的力量和方向后，教师可以在拱形门的两边画上滚球的起点线，延长滚球的距离，提高游戏的难度。滚球的距离视幼儿的能力而定，由易到难，逐步提高，但应以多数幼儿能将球滚进球门为准。教师也可以画多条滚球的起点线，让幼儿从最近的距离开始滚球，然后逐渐增加距离。

（游戏"把球滚过门"参照图1-83）

图1-83　游戏"把球滚过门"

③ 松鼠捡果子

（游戏设计：李静萍、谢珍金、李赟）

■ **游戏名称**

"松鼠捡果子"。

■ **游戏目标**

1. 喜欢与小朋友们一起做游戏，并保持情绪愉快。

2. 练习听指令快速变换动作，并能保持静止姿势5秒钟。

3. 快速反应能力、动作的控制能力和注意力得到发展。

游戏准备

1. 红色、黄色、绿色的海洋球若干个（数量为幼儿人数的4—5倍）。

红色、黄色、绿色的球筐各2个。

小松鼠的头饰若干个（数量与幼儿的人数相等）。

铃鼓1面。

2. 将各色球筐和海洋球分几处分散放置在场地内。场地布置如图：

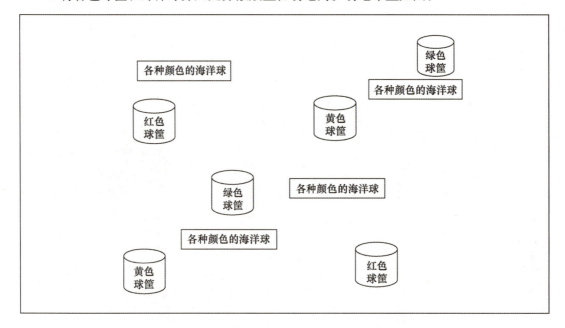

游戏玩法

1. 情境创设：天气渐渐冷了，冬天就快到了，小松鼠正在忙着采果子，准备带回家储存起来，留着冬天吃。

2. 幼儿头戴小松鼠的头饰扮演小松鼠，在场地的四周站好。教师扮演松鼠妈妈。

3. 游戏开始，松鼠妈妈对小松鼠说："宝宝们，现在天气越来越冷了，寒冷的冬天就要来了，我们得去多采些果子，存在家里，留着冬天吃。果子有很多种，我们要把果子放在和它颜色一样的小筐里。妈妈这里有一面小铃鼓，你听到妈妈摇铃鼓的时候，就快快地采果子。如果妈妈发现有危险，就会'咚咚咚'敲三下，宝宝们就要立刻停止，站在原地不能动！宝宝们，准备好了吗？我们出发吧！"

4. 松鼠妈妈摇动铃鼓，小松鼠快速捡果子，并将果子抛进同样颜色的球筐里。

5. 松鼠妈妈敲鼓三下，小松鼠立刻停在原地不动。

6. 松鼠妈妈再摇动铃鼓，小松鼠又开始捡果子。
7. 游戏反复进行，直到所有的果子都采完放进球筐里。
8. 游戏结束。

■ 游戏规则

1. 小松鼠要按照松鼠妈妈摇动铃鼓和敲击铃鼓发出的不同声音采取行动。教师敲三下铃鼓的时候，小松鼠要立刻停止所有的行动，保持原有姿势静止不动。
2. 小松鼠要将果子投入同样颜色的球筐里，错了要重新投。

■ 指导建议

1. 本游戏适合3—4岁的幼儿。
2. 幼儿保持静止姿势时，教师可以走到幼儿的面前触摸幼儿的身体，示意幼儿保持静止姿势不变。
3. 幼儿保持静止姿势的时间不宜过长，以5秒钟以内为宜。随着幼儿控制动作能力的提高，教师可以逐渐延长时间。

（游戏"松鼠捡果子"参照图1-84）

图1-84 游戏"松鼠捡果子"

4 玩具城堡

（游戏设计：孟帆、王浩）

■ 游戏名称

"玩具城堡"。

■ 游戏目标

1. 积极主动地参与游戏，体验到多变的绳游戏带来的快乐。
2. 练习走、跳、爬等基本动作。
3. 身体的协调性和灵活性得到发展。

■ 游戏准备

1. 不同长短粗细的绳子若干根（20根左右）。

玩具若干个（数量为幼儿人数的2—3倍）。

地垫若干块（4—6块）。

椅子若干把（8—10把）。

2. 教师将几条绳子摆成曲线和直线，其余的几条绳子系在椅背上，将地垫放在椅子中间。在地垫的另一端，用大的积木块搭成小房子，里面放置一些玩具。场地布置如图：

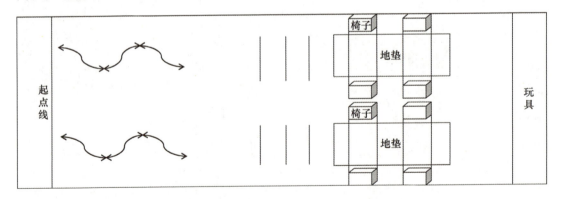

■ 游戏玩法

1. 情境创设：玩具城堡里有很多玩具，幼儿可以将喜欢的玩具拿来放到班级中。要去玩具城堡就要走过弯曲的小路，跳过小河沟，爬过山洞。

2. 教师说："小朋友们，玩具城堡里有很多玩具，小朋友们喜欢哪个就可以带回来，放到我们的班级里，以后小朋友们来幼儿园每天都可以玩。但是，要去玩具城堡，就要走过弯曲的小路，跳过几道小河沟，还要爬过很小的山洞。小朋友们，你们觉得自己可以完成吗?"

3. 教师带领幼儿，踩着摆成曲线的绳子走过小路，双脚并拢跳过小河沟，从矮矮的山洞里爬过去，来到玩具城堡，让幼儿选择一个自己喜欢的玩具后从外侧跑回起点线。

4. 游戏可以反复进行，直至玩具全部被取回。

5. 幼儿将取回的玩具放置在班级适当的位置，游戏结束。

游戏规则

1. 走过摆成曲线的绳子时，幼儿的脚要踩着绳子，以保持身体平衡。
2. 幼儿双脚跳过绳子和爬过绳索障碍的时候不能碰到绳子。
3. 每次每名幼儿只能取回一个玩具。

指导建议

1. 本游戏适合3—4岁的幼儿。
2. 双脚跳过绳子的距离根据幼儿的能力摆放，可以一组简单一些，一组难一些。
3. 教师可以根据幼儿爬行的能力，选择高度适宜的椅子，使绳索的高度适合幼儿爬行。
4. 教师应使用较柔软的玩具，避免选择过于坚硬或者有锐利尖角的玩具。

（游戏"玩具城堡"参照图1-85）

图1-85 游戏"玩具城堡"

5 小小牧羊人

（游戏设计：王浩、韩燕、雷小娟）

■ 游戏名称

"小小牧羊人"。

■ 游戏目标

1. 积极主动地参与集体游戏，体验到集体游戏带来的快乐。
2. 综合练习走、跑、跳和拍球。
3. 身体的协调性和动作的灵活性得到发展。

■ 游戏准备

1. 皮球若干个（数量与幼儿的人数相等）。
彩虹伞1把。
2. 场地布置如图：

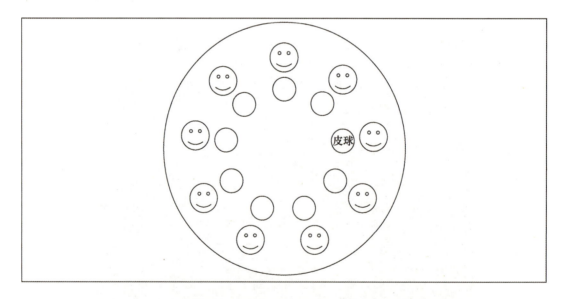

■ 游戏玩法

1. 将彩虹伞铺在地上，幼儿站在彩虹伞的周围扮演放羊人，皮球当作小羊放在幼儿面前的彩虹伞上。

2. 教师说："小羊小羊乖乖，快到我的怀里来。"教师带领幼儿抱起皮球原地跳，幼儿一边跳一边学说教师的儿歌。

3. 教师说："小羊小羊乖乖，和我一样跳起来！"教师带领幼儿一起拍球。

4. 教师说："小羊小羊乖乖，像我一样跑起来！"教师带领幼儿将球滚出去，然后追着球跑，并把球抱回来。

5. 教师说："小羊小羊乖乖，和我一起走起来！"教师带领幼儿抱着球向任意方向抬头挺胸，有精神地走。

6. 幼儿可以重复前面任何一个动作。

7. 教师视幼儿的情绪、体力和兴趣决定游戏结束时间。

游戏规则

幼儿按照儿歌的内容变换相应的动作进行游戏。

指导建议

1. 本游戏适合3—4岁的幼儿。
2. 教师要将几个动作穿插进行，动静交替，避免幼儿长时间进行一种动作的练习。
3. 彩虹伞的使用可以增加幼儿对游戏的兴趣，同时起到暗示活动范围的作用。

（游戏"小小牧羊人"参照图1-86）

图1-86 游戏"小小牧羊人"

6 小狗玩球

（游戏设计：李静萍、谢珍金、刘学艳）

■ 游戏名称

"小狗玩球"。

■ 游戏目标

1. 喜欢参与游戏，并保持情绪愉快。
2. 练习向指定方向滚球，并能接住滚过来的球。
3. 手、眼的协调能力和控制上肢动作的能力有所提高。

■ 游戏准备

1. 大皮球若干个（数量为幼儿人数的一半）。
2. 场地上画两条相距约为2米的平行线作为滚球线。场地布置如图：

■ 游戏玩法

1. 一名教师扮演狗妈妈，幼儿扮演狗宝宝。
2. 狗妈妈说："宝宝们，今天天气真好，我们到外面去玩玩吧。"狗妈妈带狗宝宝走一走，跑一跑，跳一跳，踢踢腿，弯弯腰，转转小手腕。
3. 在狗妈妈带狗宝宝放松身体的过程中，另一名教师协助将狗宝宝分成两组，分别站在滚球线的两边。
4. 狗妈妈说："宝宝们，这里有很多大皮球，今天宝宝们要练习一个新本领，我们要把球滚给对面的小朋友，对面的小朋友要接住滚过来的球，再把球滚回去。"两名教师一边说一边示范滚接球让幼儿看。

5. 狗宝宝两两相对，蹲在滚球线的两边滚接球。

6. 教师视幼儿的兴趣把握游戏结束时间。

游戏规则

1. 狗宝宝滚球和接球的时候都不能超过滚球线。

2. 如果球滚到其他的地方，接球的狗宝宝要马上跑过去把球捡回来。

指导建议

1. 本游戏适合3—4岁的幼儿。

2. 在滚接球之前，教师让相对的两名幼儿拉拉手，便于幼儿知道自己和谁相互滚接球。

（游戏"小狗玩球"参照图1-87）

图1-87 游戏"小狗玩球"

7 小猫学套圈

（游戏设计：韩巧巧、赵娜、刘学艳）

■ 游戏名称

"小猫学套圈"。

■ 游戏目标

1. 喜欢参与游戏，并保持情绪愉快。
2. 学习"从上至下"和"从下至上"两种套圈的方法。
3. 身体的灵活性和全身运动的协调性得到提高。

■ 游戏准备

健身圈若干个，小猫的头饰若干个（数量均与幼儿的人数相等）。

■ 游戏玩法

1. 教师扮演猫妈妈，幼儿头戴小猫的头饰扮演小猫，双手持圈，分散站在场地上。
2. 猫妈妈对小猫说："喵——我可爱的宝宝们，妈妈给你们带来一个好玩具，这是健身圈，我们可以用健身圈玩很多好玩的游戏。今天，我们就用它玩一个套圈的游戏。"猫妈妈一边说一边将健身圈从头上套下身体，最后双脚迈出健身圈。
3. 小猫学着猫妈妈的样子将健身圈从头上套下，并反复进行。
4. 猫妈妈问："聪明的宝宝们，圈除了可以从头上往下套以外，还能怎么套过我们的身体呢？"
5. 教师可以鼓励幼儿尝试用其他的方法套圈。例如，双脚站进圈里，将圈拿起从下至上，最后从头上套出来。教师要引导幼儿学习新的套圈方法。
6. 游戏结束。

■ 游戏规则

无论是从上至下套圈，还是从下至上套圈，幼儿都要套完整的全过程，不能从上/下面套到一半又从上/下面套出去。

■ 指导建议

1. 本游戏适合3—4岁的幼儿。

2. 幼儿双脚走进圈里或者从圈里迈出来的时候不要跑动或跳跃，以免踩在圈上发生危险。

（游戏"小猫学套圈"参照图1-88）

图1-88　游戏"小猫学套圈"

⑧ 小猪乖乖

（游戏设计：王浩、韩燕）

▪ 游戏名称

"小猪乖乖"。

▪ 游戏目标

1. 喜欢玩球类游戏，体验到游戏带来的快乐。
2. 练习用呼啦圈圈着球行走。
3. 动作的控制能力和手、眼的协调能力得到发展。

游戏准备

皮球和呼啦圈若干个（数量均与幼儿的人数相等）。

游戏玩法

1. 情境创设：养猪场养了很多小猪，胖胖的非常可爱。可是小猪有一个缺点，就是不爱运动，每天吃饱了就睡觉，这样很容易生病。所以，今天就请小朋友们帮助小猪，带小猪去运动。

2. 游戏开始，教师说："小朋友们，小猪太不爱运动了，今天我们就要帮助小猪，带着它们去运动。因为小猪身体胖胖的太重了，所以我们带小猪运动的时候，要用这个圈，先圈住小猪，再拉着小猪走。"教师一边说一边用呼啦圈套住皮球，拉着呼啦圈带着皮球一起行走。

3. 任意走：幼儿模仿教师的动作，带着小猪去运动，在场地内任意四散地走。

4. 向指定方向走：教师说一个目标，例如"我们带着小猪去大树下运动吧"，幼儿圈着球向大树的方向走。

5. 教师视幼儿的情绪和体力情况，灵活把握游戏结束时间。

游戏规则

在圈球走的过程中，如果球从呼啦圈中脱离，幼儿要重新用圈将球套住再继续游戏。

指导建议

1. 本游戏适合3—4岁的幼儿。

2. 游戏中间可以穿插情节，例如教师说："让'小猪'跳一跳。"幼儿先拍球，然后再继续圈球走。穿插情节可以增加幼儿对游戏的兴趣，避免同一姿势运动带来的疲劳。

⑨ 大丰收

（游戏设计：李静萍、谢珍金、刘扬）

游戏名称

"大丰收"。

游戏目标

1. 喜欢玩合作类游戏，体会与小朋友们合作游戏带来的快乐。

2. 练习两人近距离用双手互相抛接大球。

3. 相互配合能力、动作的控制能力、身体的协调性得到发展。

■ 游戏准备

1. 大滚筒1个，放置在场地的中间代表汽车。

箩筐4个，各装5个皮球，代表西瓜分别放在场地的两端。

2. 场地布置如图：

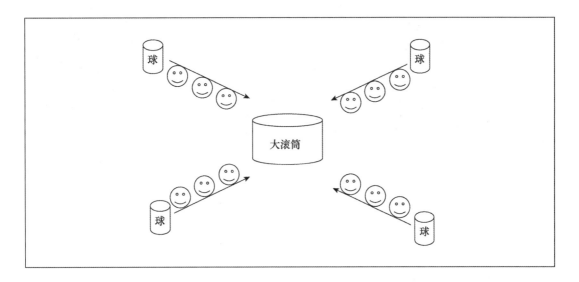

■ 游戏玩法

1. 情境创设：西瓜丰收了，我们要把大西瓜运到中间的汽车上，拉到市场上去卖。

2. 幼儿分成人数相等的4队，幼儿与幼儿之间间隔约1—1.5米。

3. 教师发出"把西瓜装上车"的指令，各队排头的幼儿从箩筐里拿出一个皮球，转身抛给本队第二名幼儿。第二名幼儿双手接住，再转身抛给第三名幼儿。直至传到本队最后一名幼儿。

4. 当最后一名幼儿接球并放在中间的汽车里时，各队第一名幼儿再从箩筐里拿出另一个球。依次抛接球，直至把西瓜全部运到中间的汽车里为止。速度快的队获胜。

■ 游戏规则

1. 传递皮球的过程中，幼儿要一个接一个地用双手抛接球，不能递球。

2. 如果球掉落，幼儿要迅速拾起并跑回原地继续抛接球。

指导建议

1. 本游戏适合4—5岁的幼儿。
2. 皮球的数量与抛接的距离可以根据幼儿的实际情况进行调整。

（游戏"大丰收"参照图1-89）

图1-89　游戏"大丰收"

10 回头看

（游戏整理：赵娜、韩巧巧、马迪）

游戏名称

"回头看"。

游戏目标

1. 积极主动地参与游戏，愿意遵守游戏规则。
2. 练习直线快跑、急停、快速启动和保持动作静止。
3. 注意力、反应速度、控制姿势的能力等得到发展。

游戏准备

在场地的两端各画一条直线,一条为安全线,一条为目标线。场地布置如图:

游戏玩法

1. 一名幼儿背对其他的幼儿,站在目标线前扮演观察者,其他的幼儿则站在安全线外。
2. 游戏开始,观察者大声喊:"跑!"其他的幼儿立即快速向目标线奔跑,同时注视观察者。
3. 当观察者突然回头并同时说"停"时,其他的幼儿立即停止不动,不许笑,不许出声,保持刚才的姿势不动。
4. 观察者再次转回头背对其他的幼儿,并大声喊:"跑!"其他的幼儿继续向目标线快速奔跑。
5. 观察者反复转身发出"停"或者"跑"的指令,其他的幼儿根据指令进行游戏。
6. 最先到达目标线的幼儿手触到观察者的背部,观察者立即转身追捕,所有的幼儿快速跑回安全线外。
7. 当所有的幼儿都跑过安全线后,游戏结束。
8. 被观察者抓到的幼儿用蹲撑跳的动作回到安全线外。
9. 第一个跑到目标线轻拍观察者的幼儿,当下一次游戏的观察者,游戏再次进行。

游戏规则

1. 观察者追逐幼儿时,可以捕捉任何一名幼儿,但不能捕捉跑进安全线外的幼儿。
2. 被观察者追逐的幼儿,只准向安全线方向跑。
3. 最先跑到目标线的幼儿轻轻拍一下观察者即可,不得用力拍打。否则要退回到其他幼儿的后面,不能扮演下一次游戏的观察者。
4. 幼儿在观察者转过身体的时候要保持静止不动。如果没有坚持住,改变了姿势或者发出声音,幼儿要退出场地暂停游戏,直至下次游戏开始方可重新加入。

指导建议

1. 本游戏适合4—5岁的幼儿。
2. 目标线和安全线之间的距离以12米左右为宜。

（游戏"回头看"参照图1-90）

图1-90　游戏"回头看"

⑪ 我是汽车小司机

（游戏设计：韩燕、王浩、宋海燕）

游戏名称

"我是汽车小司机"。

游戏目标

1. 对游戏感兴趣，并感受到游戏带来的快乐。
2. 能比较自如地控制小车向指定方向行驶。
3. 腿部的力量得到锻炼，四肢的协调能力得到提高。

游戏准备

1. 不同玩法的玩具小车若干辆（数量与幼儿的人数相等）。

直行、左转、右转、禁行、环岛等标志牌若干个。

节奏欢快的音乐。

2. 场地布置如图：

游戏玩法

1. 幼儿自由选择小车，每人一辆。

2. 幼儿根据道路上画好的行车路线和交通指示牌的指示行驶。

3. 幼儿自由交换小车，继续游戏。

游戏规则

在行驶的过程中，幼儿需要注意教师手中或立在路上的交通指示牌，按照规定行驶。

指导建议

1. 本游戏适合4—5岁的幼儿。

2. 教师可以在道路上放置锥筒等示意前方施工，为幼儿行驶设置障碍，以增加游戏情节和难度，提升幼儿对游戏的兴趣。

（游戏"我是汽车小司机"参照图1-91）

图1-91　游戏"我是汽车小司机"

12 熊和石头人

（游戏整理：王浩、韩燕、马迪）

■ 游戏名称

"熊和石头人"。

■ 游戏目标

1. 积极主动地参与游戏，并保持情绪愉快。
2. 练习按照指令快走、急停。
3. 注意力、快速反应能力和动作的控制能力得到发展。

■ 游戏准备

1. 熊的头饰1个。
2. 场地的两端各画一条直线，分别为起点线和终点线。场地布置如图：

游戏玩法

1. 请一名幼儿戴上头饰扮演熊，背对其他的幼儿站在终点线外。其他的幼儿四散地站在起点线后。

2. 游戏开始，幼儿快而轻地往前快走。熊站在原地背对其他的幼儿不动。熊可以随时回头看，其他的幼儿看见熊回头时必须立即停住不动，保持原来的姿势，装作石头人。

3. 如果熊发现有人动了，就喊出他/她的名字，该名幼儿要站到场外暂停游戏。

4. 幼儿走过终点线后不再继续向前走。

5. 所有的幼儿都走过终点线后，游戏结束。

6. 换一名幼儿扮演熊，游戏重新开始。

游戏规则

1. 幼儿需要在指定范围内游戏。

2. 扮演熊的幼儿没有回头时，其他的幼儿要又快又轻地走；扮演熊的幼儿回头时，其他的幼儿要立刻保持静止姿势不动。

3. 最先到达终点线的幼儿获胜，该名幼儿在下一次游戏时扮演熊。

指导建议

1. 本游戏适合4—5岁的幼儿。

2. 熊也可以走到幼儿的面前，看一看，嗅一嗅。如果发现还在动的或发出声音的幼儿，则说出他/她的名字，被点名者站到场外，待下一次游戏开始后再次加入游戏。

3. 行走的距离可以在20米左右，教师也可以根据具体情况适当延长或缩短。

（游戏"熊和石头人"参照图1-92）

图1-92 游戏"熊和石头人"

⓭ 占圈

（游戏设计：韩巧巧、赵娜、孙佳丽）

■ 游戏名称

"占圈"。

■ 游戏目标

1. 喜欢与小朋友们一起做游戏，并感受到合作游戏带来的快乐。
2. 能快速按指令做相应的动作。
3. 注意力、反应速度与灵活性得到提高。

■ 游戏准备

1. 呼啦圈若干个（数量约为幼儿人数的1/3—1/2），摆成一个大圆形。
2. 引导幼儿想出多种拍身体出响声的方法。
幼儿会说儿歌。
3. 场地布置如图：

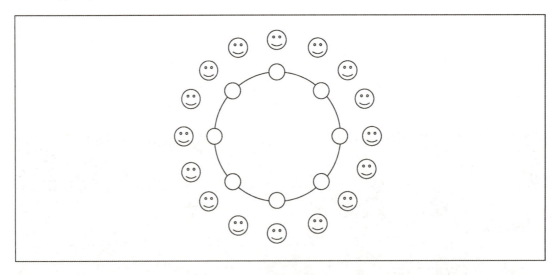

■ 游戏玩法

1. 幼儿站成一个大圆圈。
2. 游戏开始，幼儿一边说儿歌："拍拍肩，拍拍手，伴着掌声大步走。不乱看，不回头，保持队形往前走。动脑筋，来创新，想出花样拍响走！"，一边拍节奏，并按逆时针方向行走。

3. 听到教师突然发出的"×个人一个圈"的指令后（×表示人数），幼儿立即跑向场内的呼啦圈。每个呼啦圈只能进入教师指定的人数。

4. 未进到呼啦圈内的幼儿，或者圈内人数与教师的指令不一致时，所有的幼儿需要到大圆圈内模仿兔子跳10次。

5. 再次游戏，幼儿一边说儿歌一边逆时针走，教师摸任意某名幼儿的肩膀，大家都要按照这名幼儿拍击身体的部位拍节奏，其他游戏的方式同前。

游戏规则

1. 呼啦圈内只能按照教师的指令站进相应数量的幼儿。否则这一个圈内的所有幼儿都需要到大圆圈内接受惩罚，模仿兔子跳10次。

2. 教师发出指令后，倒数5秒，幼儿需要在这个时间内完成组合站到呼啦圈内。超出时间仍未找到呼啦圈，或者呼啦圈内人数不对的，都视为犯规。

3. 每次带领幼儿拍击的带头人不同，每次拍击的部位也不能相同。

指导建议

1. 教师发出指令时要突然，声音要洪亮，人数要说清楚。

2. 教师可以根据幼儿游戏的情况，随时增加或者减少呼啦圈的数量，以增加游戏的变化，保持幼儿游戏的兴趣。

（游戏"占圈"参照图1-93）

图1-93 游戏"占圈"

⑭ 自抛自接球比赛

（游戏设计：谢珍金、李静萍、孙佳丽）

■ 游戏名称

"自抛自接球比赛"。

■ 游戏目标

1. 喜欢参与游戏，喜欢与小朋友们合作游戏。
2. 能自如地自抛自接球。
3. 上肢的力量和动作与方向的控制能力，以及对球的把控能力有所提高。

■ 游戏准备

皮球若干个（数量为幼儿人数的一半）。

■ 游戏玩法

1. 两名幼儿为一组，两两相对站在场地上。一名幼儿双手持球。
2. 游戏开始，教师发出"抛接高球"的指令，持球的幼儿双手用力向上抛球，然后接住，抛接动作可以反复多次。
3. 教师改变指令为"抛接低球"，幼儿就要轻轻将球抛起再接住。
4. 在自抛自接球的过程中，如果幼儿没有接住球，另一名幼儿可以将球捡回进行自抛自接。
5. 游戏自然轮流。
6. 计数比赛：两名幼儿一人自抛自接，另一人统计对方接住球的总数。轮换之后，角色互换。两人中接住球数量多的一方获胜。

■ 游戏规则

1. 如果抛接球的幼儿将球掉落，就轮到另一名幼儿游戏。
2. 抛接高球时，幼儿要用力向上抛球，不能因为怕接不住球就不向高处抛。

■ 指导建议

1. 本游戏适合4—5岁的幼儿。
2. 教师应选择宽敞的场地，并引导幼儿分散游戏，避免幼儿在抛接球的过程中发生碰撞，出现危险。

3. 教师可以借助操场现有的条件作为参照物，示意幼儿球要抛出多高。例如，借助某棵大树、晾晒杆、横幅等。

（游戏"自抛自接球比赛"参照图1-94）

图1-94 游戏"自抛自接球比赛"

⑮ 翻纸牌

（游戏整理：杨雪扬、邓敏）

■ 游戏名称

"翻纸牌"。

■ 游戏目标

1. 喜欢团队游戏，并感受到团队游戏带来的快乐。
2. 在一定的范围和一定的时间内，快速灵活地跑并翻动纸牌。
3. 手、眼的协调能力，身体的灵活性和快速反应的能力得到发展。

■ 游戏准备

有一定硬度的纸牌若干张，将每张纸牌的两面分别涂成红色和黑色（数量不少于幼儿的人数，并且是双数）。

游戏玩法

1. 将纸牌散放在场地的中间，显露的红色、黑色各占一半。

2. 幼儿分成人数相等的两队，自选红色或黑色，并以此命名为红队和黑队。全体幼儿站在场地的一端。

3. 游戏开始，教师计时30秒，两队幼儿同时跑到场地的中间，红队的任务是找到黑色向上的纸牌并将其翻过来，使红色朝上。而黑队的任务则相反，找到红色的纸牌并将其翻过来，使黑色朝上。

4. 计时结束，统计哪一种颜色的纸牌多则哪一队获胜。

5. 两队交换队名和任务，游戏重新开始。

6. 教师使幼儿的体力和情绪状况把握游戏结束时间。

游戏规则

1. 幼儿翻动纸牌后，要继续翻动其他的纸牌，不能用手挡住已翻好的纸牌不让对方翻动。

2. 幼儿只能翻动放在地上的纸牌，不能抢对方正在翻动还没有放下的纸牌。

3. 幼儿翻动纸牌时要原地拿起，翻好后原地放下，不能拿着纸牌到处跑，或将多张纸牌拿在手中。

指导建议

1. 本游戏适合4—6岁的幼儿。

2. 不同年龄段幼儿的游戏时间应有所不同，年龄小的幼儿计时时间要稍短。

3. 游戏前，教师要将纸牌分散放置，避免游戏过程中幼儿相互碰撞拥挤。

16 抢夺弹药

（游戏设计：李静萍、谢珍金）

游戏名称

"抢夺弹药"。

游戏目标

1. 喜欢合作类游戏，体会与小朋友们共同努力获得成功的快乐。

2. 能用不同的方式一次拿多个小球并快速跑。

3. 创造性思维和团队意识得到培养。

游戏准备

1. 海洋球若干个（数量为幼儿人数的7—8倍）。

大滚筒1个。

废旧纸箱4个。

2. 将装满海洋球的大滚筒放置在场地的中间。

在场地的四个方向分别画一条起跑线，在每条起跑线处放1个废旧纸箱。场地布置如图：

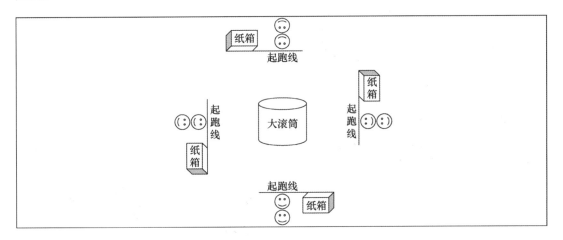

游戏玩法

1. 幼儿分成人数相等的4队，分别站在4条起跑线后。

2. 游戏开始，每队第一名幼儿快速跑到场地中间的大滚筒前，从里面尽可能多地拿海洋球，然后快速跑回本队，将运回的海洋球放进纸箱里。

3. 各队第二名幼儿出发，用同样的方法依次进行，直至本队最后一名幼儿。

4. 清点各队运回来的海洋球的数量，数量多的一队获胜。

5. 游戏结束。幼儿将所有的海洋球重新放回大滚筒中。

6. 定时计数比赛：同样的方法运球，教师计时4分钟，幼儿可以循环游戏。时间到，统计在4分钟内各队运回海洋球的数量，数量多的一队获胜。

游戏规则

1. 用第一种方式进行游戏的时候，将海洋球放在身体的任何部位运球都可以，但每名幼儿只能运1次球。

2. 在运球的过程中海洋球不能掉落。如果海洋球掉落，幼儿不能捡，只能将没有掉落的海洋球运回本队。

3. 运球的时候，幼儿不能用书包、网兜等外加工具进行辅助，但可以利用自己的衣服或衣服上的帽子等。

■ 指导建议

1. 本游戏适合4—6岁的幼儿。

2. 启发幼儿思考并大胆尝试如何一次运回更多的球。

（游戏"抢夺弹药"参照图1-95）

图1-95　游戏"抢夺弹药"

17 小懒猪

（游戏设计：王浩、韩燕、苏伟）

■ 游戏名称

"小懒猪"。

■ 游戏目标

1. 积极参与游戏，能遵守游戏规则。

2. 练习全蹲行走。

3. 腿部的力量和身体运动的协调性得到发展。

游戏准备

宽敞平坦的场地。

游戏玩法

1. 幼儿扮演小猪，分散蹲在场地内。教师扮演赶猪人。

2. 游戏开始，赶猪人一边双手做向前驱赶的动作，一边说："小小猪，小小猪，每天睡觉呼噜噜，今天天气这么好，快快起床别耽误！"

3. 赶猪人说完，小猪双手攥住自己的脚腕，蹲着向前走。

4. 行走15秒左右，赶猪人说："小小猪，小小猪，走累了，就停住。"小猪站起来在场地中慢走放松。

5. 赶猪人重复发出指令，小猪按照指令蹲走或者休息。

6. 教师视幼儿游戏的情况把握游戏结束时间。

游戏规则

小猪行走的时候要保持全蹲状态，双手握住脚腕，不能松手也不能起身。

指导建议

1. 本游戏适合4—6岁的幼儿。

2. 幼儿熟悉游戏玩法后，赶猪人可以由幼儿扮演。

3. 教师应注意把握游戏的节奏，适当让幼儿起身休息，避免腿部过于疲劳。

18 大滚筒

（游戏设计：李凡、王佳）

游戏名称

"大滚筒"。

游戏目标

1. 喜欢具有一定挑战性的游戏，为自己付出努力而感到快乐。

2. 能通过手脚交替的动作让滚筒向前滚动。

3. 身体的协调性、灵活性、平衡能力和控制物体运动方向的能力得到发展。

游戏准备

1. 塑料大滚筒2个以上，摆放在场地的一端。

锥筒的数量与大滚筒的数量一样，摆放在与大滚筒相对的场地的另一端，示意大滚筒行进的方向。

2. 场地布置如图：

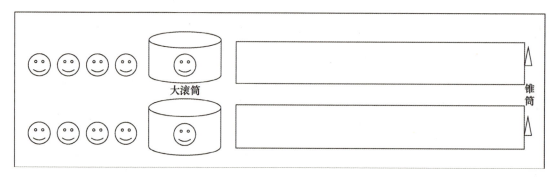

游戏玩法

1. 幼儿自愿结合，分成红队和蓝队。大滚筒直立放置。每队一个大滚筒。

2. 游戏开始：每队第一名幼儿身体蜷缩蹲进大滚筒里，利用手脚交替向前爬行的动作，让大滚筒向着前方锥筒的方向滚动。

3. 滚动到锥筒处后，幼儿从大滚筒里出来，推着大滚筒跑回到起点处。

4. 各队第二名幼儿接过大滚筒，游戏继续进行。

5. 所有的幼儿全部完成后，游戏结束。

游戏规则

1. 在滚动大滚筒的过程中不能偏离方向。如果偏离了方向，幼儿可以从大滚筒中出来，将大滚筒推到适宜的位置，然后重新进入大滚筒中行进。

2. 在大滚筒内的幼儿，双手不能扶在大滚筒的外侧，避免被大滚筒压伤。

3. 幼儿只有在到达锥筒处以后，才能从大滚筒中出来，再推着大滚筒跑回。

指导建议

1. 本游戏适合5—6岁的幼儿。

2. 教师要关注大滚筒滚动的方向，避免大滚筒相互碰撞。

3. 如果有多个大滚筒，幼儿可以依次进行游戏。前一名幼儿将大滚筒滚到一半的位置时，下一名幼儿即可出发。教师也可以根据大滚筒的数量将幼儿分成多个小组同时进行游戏。

（游戏"大滚筒"参照图1-96）

图1-96 游戏"大滚筒"

⑲ 地震了

（游戏整理：杨雪扬）

▇ 游戏名称

"地震了"。

▇ 游戏目标

1. 喜欢合作类游戏活动，愿意主动遵守游戏规则。
2. 能根据不同的指令快速变换动作。
3. 注意力、快速反应能力和身体的灵敏性得到提高。

▇ 游戏准备

1. 呼啦圈若干个（数量比幼儿人数的1/3少1个），摆放在场地的四周组成一个大圆圈。
2. 场地布置如图：

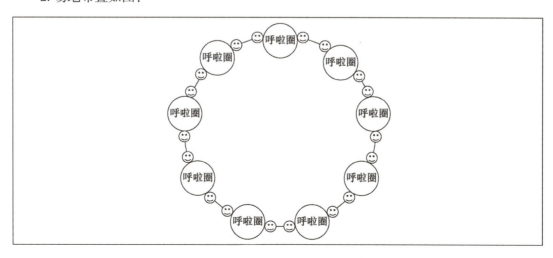

游戏玩法

1. 游戏开始：幼儿1至幼儿3报数。

2. 每3名幼儿为一组，数1和数2的幼儿面对面双手交叉在一个呼啦圈两边搭成山洞。数3的幼儿扮演兔子蹲在山洞里。

3. 有一组幼儿没有呼啦圈，这组的3名幼儿站在大圆圈内，扮演自由变化人。

4. 游戏开始，教师发出"天晴了"的指令，所有的兔子双脚跳换一个山洞，蹲进另一个呼啦圈里。站在大圆圈中的自由变化人也扮演兔子参与抢山洞。最后3只没有找到山洞的兔子到中间表演扭屁股。

5. 教师发出"起风了"的指令，所有的山洞分开，任意与其他的山洞重新组合，在一只兔子的上面搭成一个新的山洞。站在大圆圈内的自由变化人也要扮演山洞参与游戏。最后仍会有3名幼儿找不到兔子，这3名幼儿要到中间表演扭屁股。

6. 教师发出"地震了"的指令，所有的兔子和山洞都要重新组合，圆圈中的自由变化人也参与游戏。幼儿既可以选择原来的角色也可以变换角色。最后没有找到呼啦圈的3名幼儿站到中间表演扭屁股。

游戏规则

1. 教师的3个指令分别是"天晴了""起风了""地震了"，分别示意扮演兔子的幼儿交换位置，扮演山洞的幼儿交换位置，所有的幼儿重新组合。

2. 呼啦圈是重要标志，没有找到呼啦圈的兔子或山洞都要到中间表演扭屁股。

3. 站在中间的幼儿是自由变化人，教师说的任何指令，他们都可以变成该角色参与游戏。

指导建议

1. 本游戏适合5—6岁的幼儿。

2. 教师发出指令前，可以故意说一些干扰性的语言，例如先说："注意了，注意了，我要说——话——了——"然后突然发出指令，以增强游戏的兴趣性。

3. 教师发出指令后，可以马上倒数几秒钟，以增加幼儿的竞赛性，督促幼儿快速找到合适的位置。

⑳ 跑中抛接球

（游戏设计：谢珍金、李静萍、李伊）

■ 游戏名称

"跑中抛接球"。

■ 游戏目标

1. 愿意参与具有一定挑战性的游戏，为自己的努力感到快乐。
2. 能在跑动行进的过程中将球抛至一定的高度后接住。
3. 上肢的力量以及身体的协调性得到锻炼。

■ 游戏准备

1. 大皮球若干个（4个左右）。
2. 场地的一端画一条起跑线。
在起跑线前约10米的地方拴一根高约1.2米的横绳。

■ 游戏玩法

1. 幼儿分成人数相等的4队，面对横绳排成纵队站在起跑线后。
2. 游戏开始，每队第一名幼儿手拿一个大皮球跑向横绳。跑到横绳的前面时，双手把球从横绳上方抛过去，立刻从绳下跑过去把球接住，然后快速跑回本队，把球交给第二名幼儿，自己回到队尾。
3. 第二名幼儿按照同样的方法游戏。全队幼儿依次进行。
4. 先跑完的一队获胜。

■ 游戏规则

1. 幼儿要将球抛过横绳的高度，否则要重新抛接。
2. 抛起的球不能落地，如果没有接住球，幼儿要重新抛接。

■ 指导建议

1. 本游戏适合5—6岁的幼儿。
2. 教师可以先组织幼儿练习自抛自接球和行走中的自抛自接球，在此基础上再玩跑动过程中的自抛自接球。
3. 横绳的前方不要有任何障碍物，以防幼儿在跑动接球的过程中发生碰撞。

（游戏"跑中抛接球"参照图1-97）

图1-97　游戏"跑中抛接球"

21 奇妙的旅行

（游戏设计：韩燕、王浩、李伊）

■ 游戏名称

"奇妙的旅行"。

■ 游戏目标

1. 能积极探索设计旅游线路，有勇敢向前的精神，发展幼儿的自主性。
2. 尝试用走、跑、跳、钻、爬等动作完成旅行。
3. 动作的灵活性和合作精神得到发展。

■ 游戏准备

1. 平衡木2条，蓝色大地垫2块，拱形门2个，用轮胎堆积的小山2座。
2. 宽敞平坦的场地，以上物品分成两组，分别放在场地的两边。场地布置如图：

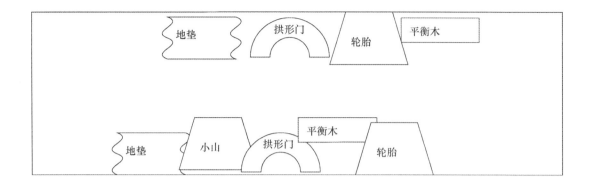

游戏玩法

1. 幼儿自由组合，分成两组。

2. 情境创设：今天大家要设计一次奇妙的旅行。旅行的过程中会经过独木桥、小河、山洞和小山。两个小组可以设计不一样的旅行路线，要求将场地上准备的器械都利用起来。

3. 两组幼儿自主设计本组的旅行路线，每组的4种器械可以随幼儿设计自由组合。

4. 幼儿完成设计后，尝试完成本组的旅行。

5. 教师可以让两组幼儿交换场地，完成对方设计的旅行路线。

6. 游戏结束。

游戏规则

1. 每组幼儿要将地垫（小河）、拱形门（山洞）、平衡木（独木桥）、小山（轮胎）都设计到旅行路线中。

2. 每组幼儿在设计完成旅行路线时，可以用自己的方式利用器械。例如，对拱形门的利用，可以正面钻、侧面钻或者爬过；对于平衡木的利用，可以双脚交替走过，也可以侧身蹉步通过；对于轮胎的利用，可以爬过去，也可以绕障碍跑过去；对于地垫的利用，可以跨跳，也可以双脚立定跳远跳过去等。

指导建议

1. 本游戏适合5—6岁的幼儿。

2. 游戏中教师要充分放手，不加以任何限制，让幼儿自己组队，自主设计，创造性地利用器械，让幼儿的自主性得到充分体现。

3. 在设计旅行路线时，教师可以启发幼儿大胆想象，设计的路线可以是直线方向，也可以是曲线方向。

4. 教师组织两组幼儿分别观看对方是如何利用器械的，引导幼儿想一想有没有和自己不同的玩法、自己还有没有其他不一样的玩法，鼓励幼儿变化本组的旅行路线和器械玩法。

5. 如果幼儿提出两组进行比赛，但两组的人数不一样时，教师可以引导幼儿自己商量解决办法。

（游戏"奇妙的旅行"参照图1-98）

图1-98　游戏"奇妙的旅行"

22 小小快递员

（游戏设计：张平、张帅）

■ 游戏名称

"小小快递员"。

■ 游戏目标

1. 喜欢与小朋友们合作游戏，体验到游戏带来的快乐。
2. 练习使用侧滑步快速移动身体的位置。
3. 身体的协调性得到提高，合作意识得到培养。

■ 游戏准备

1. 废旧纸箱若干个（数量为幼儿人数的一半）。

呼啦圈6个。

2. 幼儿有学习侧滑步的经验基础。

3. 场地的一端画一条起点线,另一端画一条终点线。场地布置如图:

▪ 游戏玩法

1. 幼儿自愿结合,两人一组,共同抱住一个纸箱面对面站在起点线。

2. 情境创设:快递员送邮件,纸箱很重,需要两个人一起搬。在搬运的过程中,会遇到放置在地上的一些东西,大家要绕过这些东西,不要被绊倒。

3. 两名教师示范侧滑步行进的方法,提示幼儿两脚不要交叉,后面的脚走到前面的脚旁边的时候,前面的脚就继续向前。

4. 幼儿两人一组抬着纸箱,用侧滑步的方式向终点线方向走。途中要绕过呼啦圈,走到终点线将纸箱放在终点线后,从外侧跑回本队。

5. 当前面一组幼儿走到第一个呼啦圈的位置时,后面一组幼儿出发。

6. 同样,当第二组幼儿走到第一个呼啦圈的位置时,第三组幼儿出发,依次进行游戏。

7. 两队幼儿竞赛:前面一组幼儿跑回后第二组幼儿出发。本队最后一组幼儿跑回到起点线后,游戏结束。先完成的一队为胜利队。

▪ 游戏规则

1. 如果纸箱掉地上,两名幼儿要重新抬起继续游戏。

2. 非竞赛时,幼儿依次进行游戏;竞赛时,前一组幼儿跑回到起点线后,下一组幼儿才能出发。

3. 身体位置的移动要用侧滑步完成,两脚不能交叉前行。

▪ 指导建议

1. 本游戏适合5—6岁的幼儿。

2. 幼儿高矮不一,如果游戏中两名幼儿自愿结合时身高差距太大,教师可以让幼儿先尝试配合。如果两名幼儿没有感觉到因为身高差距大而配合困难，教师就不必要求幼儿更换同伴。如果幼儿感觉配合困难，教师再引导幼儿找出配合困难的原因。

3. 幼儿行走的距离视幼儿对侧滑步掌握的情况灵活调整。

（游戏"小小快递员"参照图1-99）

图1-99　游戏"小小快递员"

㉓ 一米二米三

（游戏整理：刘学艳、杨雪扬）

▰ 游戏名称

"一米二米三"。

▰ 游戏目标

1. 喜欢与小朋友们合作游戏，并感受到游戏带来的快乐。
2. 能原地跳起后灵活地变化双脚落地的位置。
3. 注意力得到发展，身体的协调性和灵活性得到提高。

游戏准备

1. 幼儿会说儿歌。
2. 场地布置如图：

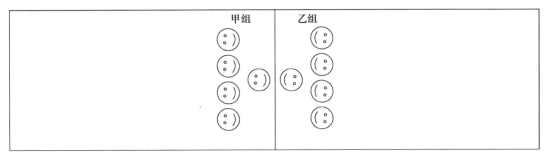

游戏玩法

1. 幼儿分成两组，其中一组为挑战组（假设为乙组），另一组为防守组（假设为甲组）。
2. 游戏开始，甲、乙两组各出一名幼儿，两人面对面站好。
3. 幼儿说儿歌："一米二米三，三三三，三六九，九六三。"说到每句最后一个字的时候，双方的脚同时变换落地动作，包括前后开立、左右开立、单脚站立、双脚并拢这4个动作。
4. 在变换动作时，甲组不让乙组和自己的动作一样，而乙组则设法使自己的动作和甲组一样。如果4句儿歌任意一句的最后一个字说出后双方的动作一样，甲组的幼儿即为失败，需换甲组第二名幼儿与乙组这名幼儿继续游戏。如果这4句儿歌说完，甲、乙两组的动作都不一样，则乙组失败，需换乙组第二名幼儿与甲组这名幼儿继续游戏。
5. 所有的幼儿均玩过一遍游戏后，游戏结束。

游戏规则

只有说到每句儿歌最后一个字的时候，幼儿才能原地跳起变换双脚的位置。

指导建议

1. 本游戏适合6岁左右的幼儿。
2. 教师要鼓励幼儿通过观察对方双脚落地的位置，猜测其下一次可能变换什么动作，并及时调整自己双脚落地的位置，以使自己与对方的动作一致或者不一致。

24 蜈蚣走

（游戏整理：王浩、韩燕、王佳）

■ 游戏名称

"蜈蚣走"。

■ 游戏目标

1. 喜欢与小朋友们合作游戏，体验到游戏带来的快乐和成就感。
2. 全体蹲下后，能协调配合移动前进。
3. 腿部的力量得到锻炼，团队合作意识得到加强。

■ 游戏准备

1. 幼儿了解蜈蚣的外形特点。
2. 在场地的一端间隔插上几面红旗，距红旗6—8米处画一条起点线。

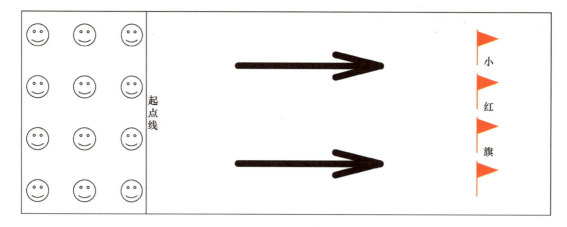

■ 游戏玩法

1. 幼儿分成几组，每组5人左右，站在起点线后。
2. 游戏开始，幼儿全体蹲下，后面的幼儿双手抱住前面一名幼儿的腰。每组成为一只小蜈蚣。
3. 每组幼儿保持全蹲的姿势向前行进3—4米。
4. 教师请幼儿说一说这样走路的感受，怎么样才能走得又快又稳。
5. 教师请幼儿按照本组讨论的方法再次尝试向前行进。
6. 教师请小蜈蚣回到起点线后，各组小蜈蚣比一比，看看哪组先走到对面拔掉红旗。
7. 先拔掉红旗的一组获胜。各组小蜈蚣均拔掉红旗后，游戏结束。

游戏规则

1. 蜈蚣走的过程中,每名幼儿都要保持全蹲的状态。

2. 蜈蚣走的过程中,每名幼儿要双手抱住前面一名幼儿的腰,全组成为一个整体,一同行进。

指导建议

1. 本游戏适合5—6岁的幼儿。

2. 每次蜈蚣走后,教师要让幼儿站起身,使其腿部得到休息,不可让幼儿长时间、长距离蹲走。

3. 红旗的数量根据幼儿分组的数量确定。

(游戏"蜈蚣走"参照图1-100)

图1-100　游戏"蜈蚣走"

25 小小骑车手

(游戏设计:韩燕、王浩、张帅)

游戏名称

"小小骑车手"。

游戏目标

1. 喜欢骑行类的游戏,能积极参与游戏。

2. 在骑行滑板车的时候能把握平衡,控制滑板车向目标方向行进。

3. 控制骑行类工具的能力得到提高,全身动作的协调性得到发展。

游戏准备

1. 滑板车若干辆（数量与幼儿的人数相等）。

大饮料瓶每组4个，共两组。

2. 在场地的两端画有起点线和终点线，并在起点线和终点线放置标志物。场地布置如图：

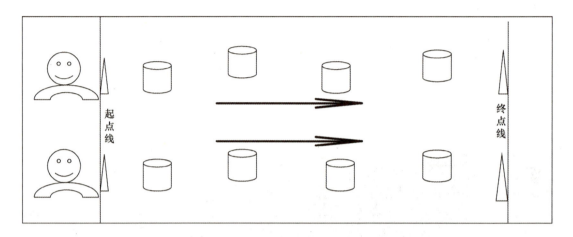

游戏玩法

1. 游戏开始，幼儿每人选择一辆滑板车。

2. 幼儿一个跟着一个围绕场地骑大圈。

3. 幼儿分成两组，从起点线骑向终点线，绕过终点线的标志物后，再分别从外侧骑回起点线。幼儿依次骑行，不必等前一名幼儿骑回后再出发。

4. 两组幼儿比赛：第一名幼儿绕障碍骑行至终点线后，从外侧骑行回本组，到达起点线后第二名幼儿出发。最后一名幼儿返回后，游戏结束。先完成的一组为优胜组。

游戏规则

1. 依次骑行的时候，幼儿要一个跟着一个骑车，后面的幼儿不能中途超车。

2. 比赛时，前一名幼儿返回时，只要滑板车的头部到达起点线，下一名幼儿即可出发，无须相互击掌。

指导建议

1. 本游戏适合5—6岁的幼儿。

2. 从起点线到终点线的距离以10米左右为宜，教师也可以根据幼儿骑行滑板车的具体情况适当调整。

（游戏"小小骑车手"参照图1-101）

图1-101　游戏"小小骑车手"

26 坦克开来了

（游戏整理：杨雪扬、张帅）

游戏名称

"坦克开来了"。

游戏目标

1. 体验到合作游戏带来的乐趣。
2. 能两人一组用身体组合成统一行动的整体。
3. 身体的柔韧性和灵活性得到提高，合作意识和合作能力得到发展。

游戏目标

平坦安全的场地。

游戏玩法

1. 游戏开始，幼儿自愿结合，两人一组。
2. 两名幼儿面向同一个方向相互紧紧挨在一起站好，将内侧的腿向前迈一小步，并向前弯腰，外侧的手经内侧腿的后面相握，内侧的手臂抱住对方的肩膀，一辆坦克组合成功。
3. 坦克尝试向前行进和转弯。

4. 教师请幼儿说一说怎样让自己的坦克走得又快又稳,例如:两个人要步调一致,同时向前迈内侧腿,再跟进外侧腿,迈步的节奏要相同;相握的两手要紧紧拉在一起,抱住对方肩膀的手也要紧紧抱住。

5. 坦克大战:在原有的坦克的基础上,两人将互抱肩膀的两只手向前伸,交叉位置后相握,形成炮筒。每辆坦克用炮筒进攻其他坦克的尾部。

6. 1—2分钟后结束游戏。

游戏规则

1. 坦克在行进的过程中不能散架。如果散架了,幼儿要重新组装好再继续行进或者进攻。

2. 坦克只能攻打其他坦克的尾部,碰到即可。

指导建议

1. 本游戏适合5—6岁的幼儿。

2. 坦克的行进部分教师可以给幼儿更多的时间来体验,当两名幼儿充分准备并配合默契后,再组织坦克大战游戏。

(游戏"坦克开来了"参照图1-102)

图1-102　游戏"坦克开来了"

27 运送粮食

（游戏设计：杨雪扬、张金红）

■ **游戏名称**

"运送粮食"。

■ **游戏目标**

1. 敢于尝试具有一定挑战性的游戏活动，并为自己的努力而感到快乐。
2. 能一边推轮胎一边向前快速跑。
3. 平衡能力、动作的协调性和控制能力得到提高。

■ **游戏准备**

1. 废旧轮胎4个。
   废旧纸箱4个。
   沙包、小球等玩具若干个（总数量为幼儿人数的2倍）。
2. 场地布置如图：

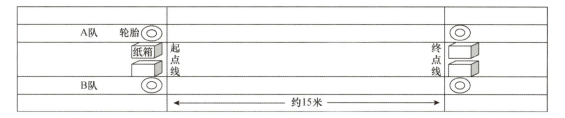

■ **游戏玩法**

1. 幼儿扮演士兵，排成两列纵队，站在起点线后。沙包和小球当作粮食，数量均等地分别装在2个纸箱内，放置在起点线处。
2. 游戏开始，教师说："运输队运送粮食，准备，出发！"每队第一名士兵在轮胎凹槽内放好两种粮食，一边跑一边推着轮胎向前滚动。到达终点线后，将轮胎凹槽内的粮食取出，放在纸箱内，然后绕过地上的轮胎，从场地的外侧推着轮胎往回跑。将轮胎传递给本队下一名士兵。下一名士兵继续出发。
3. 所有的士兵完成训练后，游戏结束。

■ **游戏规则**

1. 幼儿在滚动轮胎向前跑的时候，不能让放在轮胎凹槽内的粮食掉出来。如果粮食掉出来，幼儿马上捡起放回凹槽后，继续推着轮胎向前跑。
2. 幼儿到达终点线后，需推着轮胎绕过放置在终点线的轮胎再往回跑。
3. 每名士兵只能携带两种粮食。

■ 指导建议

1. 本游戏适合5—6岁的幼儿。

2. 待幼儿可以保持平衡推着轮胎跑，并能较好地控制方向以后，教师可以采用竞赛的形式组织游戏，以提高幼儿对游戏的兴趣。

（游戏"运送粮食"参照图1-103）

图1-103　游戏"运送粮食"

28 丢球

（游戏设计：李静萍、谢珍金、王佳、孙琼）

■ 游戏名称

"丢球"。

■ 游戏目标

1. 喜欢具有挑战性的活动，在竞赛活动中感受到快乐。

2. 练习一边快走一边拍球，提高幼儿的运球能力。

3. 注意力得到提高，身体动作的协调性得到发展。

■ 游戏准备

1. 篮球2个。

2. 幼儿会说儿歌。

■ 游戏玩法

1. 全体幼儿手拉手，面向内站成圆圈。

2. 游戏开始，教师以点兵点将的形式选出第一名丢球人。

3. 丢球人站在圈外，怀抱2个篮球。

4. 站在圈上的幼儿拍手唱歌，丢球人手持球，沿逆时针方向走或跑。乘人不备时，丢球人悄悄地将球放在圈上某名幼儿的身后，并立即快速运球绕圆圈走一圈。

5. 被丢球的幼儿发现球丢在自己的身后，要立刻转身拿起球，运球快走追赶前面的丢球人。

6. 如果被丢球的幼儿没有追上丢球人，则丢球人站到刚才被丢球幼儿的位置，被丢球的幼儿当作丢球人，重新开始游戏。

7. 如果被丢球的幼儿追上了前面的丢球人，丢球人进入圆圈做蛙跳5次，然后站到被丢球幼儿的位置。被丢球的幼儿当作丢球人，游戏重新开始。

■ 游戏规则

1. 站在圆圈上的幼儿不能回头看丢球人，只能凭借其走路的声音或者从哪里开始运球快走，判断球是否丢在了自己的身后。

2. 丢球人开始运球快走后，站在圆圈上的幼儿如果怀疑球丢在了自己的身后，可以回头看。

3. 被丢球的幼儿和丢球的幼儿都要用运球快走或运球快跑的方式追赶或逃避追赶，不能抱着球跑。

■ 指导建议

1. 本游戏适合5—6岁的幼儿。

2. 丢球人丢球时，必须将球在幼儿的身后放稳，不得乱抛乱掷，使人无法判断球究竟是丢给谁。

（游戏"丢球"参照图1-104）

图1-104 游戏"丢球"

第二章　因地制宜游戏

① 落叶飞起来

（游戏设计：杨雪扬、刘扬）

■ 游戏名称

"落叶飞起来"。

■ 游戏目标

1. 喜欢利用自然环境中已有的条件做游戏，热爱大自然。
2. 练习向上抛物的动作。
3. 体会使用爆发力，上肢的力量和全身的协调性得到提高。

■ 游戏准备

1. 落叶较多的开阔场地。
小鼓1面。
2. 在场地上平行于地面系几条高低不等的彩带，高度约在幼儿头顶上方60—100厘米。

■ 游戏玩法

1. 游戏开始，幼儿自由玩落叶，当有幼儿向上抛落叶的时候，教师顺势说："哇，下雪喽！"一边说一边屈膝蹬地，双手向上抛落叶，引导幼儿用力将落叶向上抛。
2. 教师让幼儿观察教师或将落叶抛得高的幼儿的动作，再让幼儿练习双腿屈膝蹬地，伸展身体，双手突然用力向上抛的动作，体会突然发力的感觉。让幼儿比一比看谁的落叶抛得高。

3. 教师借助不同高度的彩带，鼓励幼儿将落叶抛得更高；指导幼儿注意体验先收缩身体、屈膝，再蹬地突然发力。

4. 听鼓声和指令抛落叶。当鼓声与教师指令的数量相符时，幼儿可以抛落叶，反之则不能抛落叶。例如，教师先击鼓3声，然后发出指令："落叶飞起来，一，二，三！"幼儿就可以将落叶用力向上抛。如果教师击鼓4声，然后发出指令："落叶飞起来，一，二，三！"幼儿就不能向上抛落叶。当鼓声与教师指令的数量不符时抛出落叶者，视为犯规，被停止游戏，站到场地的四周。当场上只剩下几名幼儿的时候，让他们比一比谁的落叶抛得最高，并请周围的幼儿当裁判。

5. 教师让幼儿一起学一学抛得最高的幼儿的动作，然后将自己手中的落叶向上抛。

6. 教师视幼儿的兴趣和体力情况把握游戏结束时间。

游戏规则

只有当鼓声与教师指令的数量相等的时候，幼儿才能向上抛落叶。

指导建议

1. 本游戏适合3—6岁的幼儿。
2. 彩带的高度可视幼儿的身高和动作发展而定。
3. 教师应提前检查场地，确保地上没有树枝、石块等危险物。
4. 3—4岁的幼儿玩本游戏时，可以只参考"游戏玩法"中"1"的步骤。

（游戏"落叶飞起来"参照图2-1）

图2-1 游戏"落叶飞起来"

2 落叶彩带

（游戏设计：杨雪扬、马晨）

■ 游戏名称

"落叶彩带"。

■ 游戏目标

1. 热爱大自然，喜欢利用自然环境中已有的条件做游戏。
2. 练习上肢的挥臂、旋转和手腕的快速抖动。
3. 上肢的力量和灵活性得到发展。

■ 游戏准备

1. 将落叶串成长度1米左右的落叶彩带，每名幼儿1条。蝴蝶或蜜蜂的玩具翅膀（数量与幼儿的人数相等）。
2. 音乐《蝴蝶找花》。

■ 游戏玩法

1. 幼儿任选蝴蝶或蜜蜂的玩具翅膀背在背上，确定自己的角色。
2. 游戏开始，每名幼儿手持一条落叶彩带。教师说："小蝴蝶们，小蜜蜂们，我们一起去花园里，让我们的落叶彩带飞舞起来吧。"教师和幼儿一起在音乐的伴奏下，挥动手臂，用大臂带动小臂，使落叶彩带上下舞动。然后换另一只胳膊再试一试。
3. 教师说："有谁能让彩带画大圆圈吗？"引导幼儿用肩带动大臂再带动小臂，大幅度旋转画圆，使落叶彩带在空中画出一个大大的圆形。然后，教师请幼儿换另一只胳膊再试一试。
4. 教师说："风来了，彩带抖动得真快啊！"引导幼儿利用手腕的快速抖动带动落叶彩带小幅度左右或上下摆动。然后，教师再让幼儿换另一只手再试一试。
5. 教师说："大家再试一试，看你还可以让彩带怎么动起来呢？"鼓励幼儿用不同的方法舞动落叶彩带。

■ 游戏规则

两只手臂交替锻炼。

■ 指导建议

1. 本游戏适合3—6岁的幼儿。

2. 3—4岁的幼儿玩本游戏时，教师可以将落叶彩带的长度缩短。

3. 教师不要选择过于干燥易碎的落叶。

4. 教师要多观察幼儿舞动落叶彩带的方法，鼓励幼儿与别人有所不同；也可以让动作灵活、彩带飞舞幅度较大的幼儿做示范，让他/她说一说自己的彩带为什么可以画很大的圆，或抖动得很快，秘密在哪里。

（游戏"落叶彩带"参照图2-2）

图2-2 游戏"落叶彩带"

③ 滚来滚去

（游戏设计：杨雪扬）

▪▪ 游戏名称

"滚来滚去"。

▪▪ 游戏目标

1. 享受大自然的美，喜欢利用自然环境中已有的条件做游戏。

2. 练习身体的侧向翻滚，能向一个方向连续翻滚多次。

3. 腰部和腹部的力量得到锻炼，全身的协调能力得到发展。

游戏准备

铺满落叶的宽敞地面。

游戏玩法

1. 游戏开始,教师带领幼儿来到铺满落叶的场地后说:"哇,树叶落了厚厚的一地,好美啊!"教师和幼儿一起玩落叶,欣赏落叶。教师说:"小朋友你们看,这金黄的树叶落在地上,看上去像什么?"
2. 教师和幼儿躺在地上,享受暖暖的阳光。教师说:"真的就像躺在床上一样,好舒服啊!"教师一边侧向翻滚身体一边说:"啊,这么大的床,可以滚来滚去,真好玩。"幼儿学着教师的样子翻滚身体。
3. 教师说:"我来当大风,大风向那边吹——"幼儿朝一个方向连续翻滚身体。
4. 大风向反方向吹,幼儿向回连续翻滚身体。
5. 风停了,游戏结束。

游戏规则

连续侧翻时,幼儿需按照教师的示意翻向同一个方向,以免相互碰撞。

指导建议

1. 本游戏适合3—6岁的幼儿。
2. 5—6岁的幼儿动作灵活且幅度较大,需要更大的场地。
3. 教师做示范后,先引导幼儿模仿做单个侧滚,待幼儿掌握动作后再做连续翻滚。
4. 翻滚身体时幼儿的两腿要尽量伸直,靠腰部和腹部的力量带动身体向侧翻转。双臂可以放在身体的两侧,也可以向头上方伸直加并加紧头部。
5. 如果落叶下面的地面是人造草坪最为理想。

❹ 跳房子

(游戏整理:谢珍金、李静萍、赵娜)

游戏名称

"跳房子"。

游戏目标

1. 喜欢利用自然环境中已有的条件做游戏。

2. 练习单双脚灵活地交替跳跃。

3. 腿部的力量得到锻炼，身体的协调性得到发展。

游戏准备

画有房子的场地，场地布置如图：

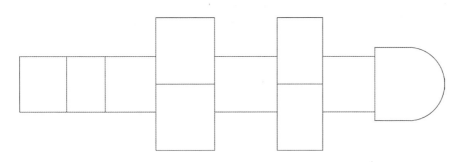

游戏玩法

1. 幼儿2—3人一组，每组一个房子。

2. 幼儿可以自主决定游戏顺序。

3. 游戏开始，第一名幼儿开始跳房子。跳房子的时候每个方格里只能有一只脚落地，所以，单格子时用单脚落地，双格子时用双脚落地，半圆的格子可以两只脚同时落地。

4. 跳到半圆形的格子后，幼儿要双脚起跳转身，再用同样的方法跳回去。

5. 一名幼儿跳完后另一名幼儿开始跳。游戏循环进行。

6. 教师视幼儿的兴趣或与幼儿协商游戏结束时间。

游戏规则

1. 无论是单脚跳还是双脚跳，幼儿的脚落地后都不能移动。

2. 幼儿的脚不能踩在线上，要跳进格子里面。

指导建议

1. 本游戏适合4—6岁的幼儿。

2. 5—6岁的幼儿玩本游戏时教师可以增加难度：幼儿跳房子的时候手拿一个沙包，跳回后，身体背对着房子将沙包投向房子，沙包落在房子的哪一格，这名幼儿就在这个格子里用粉笔画一个标记，这个房间就只能他/她的脚跳进去，并可以双脚跳进去。而其他的幼儿跳的时候就要隔过这个房间不能踩。

3. 房子的格子不要画得太大，以30—40平方厘米为宜。

（游戏"跳房子"参照图2-3）

图2-3　游戏"跳房子"

⑤ 跳格子

（游戏设计：张帅）

■ 游戏名称

"跳格子"。

■ 游戏目标

1. 喜欢利用自然环境中已有的条件锻炼身体，在游戏中感受到快乐。
2. 能单脚站立，在弯腰捡起地上沙包的同时保持平衡，脚不移动。
3. 腿部的力量、单双脚交替跳的能力和身体的平衡能力得到发展。

■ 游戏准备

1. 沙包若干个。
2. 画有格子的场地。场地布置如图：

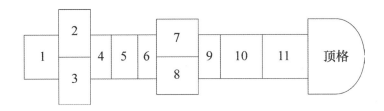

■ **游戏玩法**

1. 幼儿自愿结合几个人一组，每组至少有一个沙包。

2. 按照格子本身的结构单双脚交替跳：一个格子可以有一只脚跳进去，半圆形的顶格双脚跳进，然后原地双脚跳起的同时转身向后，再按照原方法跳回。即按照图中格子的结构，幼儿跳的时候应是：单—双—单—单—单—双—单—单—单—双、跳转—单—单—单—双—单—单—单—双—单—跳出。幼儿轮流跳格子。

3. 使用沙包跳格子：幼儿站在第一个格子的边缘处，将沙包投进任意一个格子内。幼儿从1号格子开始起跳，仍旧是一个格子可以有一只脚跳进去，但有沙包的格子脚不能踩进去。幼儿返回跳的时候，要在有沙包的格子前站住，保持身体的平衡，弯腰捡起沙包，然后继续跳格子。

例如，幼儿将沙包扔进5号格子，幼儿跳格子的时候应为：单—双—单—空过5号单脚跳进6号—双—单—单—单—双、跳转—单—单—单—双—单脚并保持平衡捡起沙包—单—单—双—单。

例如，幼儿将沙包扔进3号格子，幼儿跳格子应为：单—单—单—单—单—双—单—单—单—双、跳转—单—单—单—双—单—单—单脚跳进2号并保持平衡捡起沙包—单。

如果沙包投进了半圆形的顶格，幼儿需要在顶格里跳转身后，背对着沙包将它捡起，即：单—双—单—单—单—双—单—单—单—双，跳转并背对着沙包将其捡起—单—单—单—双—单—单—单—双—单。

■ **游戏规则**

1. 跳格子的时候脚落地后不可以移动。
2. 沙包如果投到了格子之外，则投沙包的幼儿停止游戏一次。
3. 单脚捡沙包的时候手不能扶地，如果扶地了，要重新捡一次。
4. 当沙包投进了顶格，幼儿背着身体捡沙包的时候，可以用手扶地以帮助保持身体平衡。
5. 幼儿跳去或者跳回的单程跳过程中不可以换脚。
6. 在单脚站立捡沙包的时候，幼儿抬起的脚不可以落地。

■ **指导建议**

1. 本游戏适合5—6岁的幼儿。

2. 格子不要画得太大，以边长30厘米左右的正方形为宜。否则幼儿单脚站立捡沙包时不易保持身体平衡。

3. 左右脚要轮换着跳，以使幼儿的双腿都得到锻炼。

（游戏"跳格子"参照图2-4）

图2-4 游戏"跳格子"

6 推出地砖

（游戏设计：杨雪扬、宋海燕）

■ 游戏名称

"推出地砖"。

■ 游戏目标

1. 喜欢利用自然环境中已有的条件做游戏。
2. 能在保持自身平衡稳定的状态下，用推或躲让等方式使对方失去平衡移动位置。
3. 平衡能力和上肢的力量得到提高，智力得到发展。

■ 游戏准备

有不同颜色地砖的场地。

■ 游戏玩法

1. 幼儿自愿结合两人一组，面对面站在不同颜色的地砖内。两人之间的距离以两人伸手能摸到对方为宜。

2. 幼儿双脚站稳后不能再移动位置。

3. 游戏开始，面对面的两名幼儿双手相对，在保持自身平衡稳定的基础上，用双手推、拉对方，也可以躲闪对方的动作，使其失去平衡，导致脚移动位置。谁的脚先移动谁就算输。

4. 当其中一方的脚移动时，游戏结束。

游戏规则

双方的幼儿只能双手相互接触，身体的其他部位不可以接触。

指导建议

1. 本游戏适合4—6岁的幼儿。

2. 如果是5—6岁的幼儿玩本游戏时，教师可以提高游戏难度，让幼儿从双脚站立改成单脚站立。单脚站立时，教师可以将游戏规则调整为脚可以在一块地砖内移动，移出原站立的地砖或者抬起的脚落地时为输。

（游戏"推出地砖"参照图2-5）

图2-5 游戏"推出地砖"

7 踩线踩角

（游戏设计：杨雪扬、谢珍金）

■ 游戏名称

"踩线踩角"。

■ 游戏目标

1. 喜欢利用自然环境中已有的条件做游戏。
2. 能在听到指令后迅速踩到相应的位置。
3. 大胆想象、创造性地利用环境条件的能力有所提高，反应能力和速度得到提高。

■ 游戏准备

1. 有不同颜色地砖的宽敞地面（例如红色和灰色）。
2. 场地的中间画一个直径20米左右的大圆圈。场地布置如图：

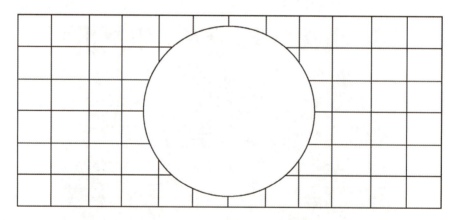

■ 游戏玩法

1. 幼儿站在场地中间的圆圈内。
2. 游戏开始，幼儿在圆圈内四散地双脚跳，教师说："一二三，三二一，踩到红色的砖线手举起！"幼儿站在原地不能再动，当教师说完儿歌的最后一个字时，幼儿迅速跑到圆圈外找到红色的地砖，一只脚踩到地砖的边线后举手示意。
3. 幼儿回到圆圈内游戏重新开始。教师可以将指令换成："一二三，三二一，踩到红色的砖角手举起！"或者"一二三，三二一，踩到灰色的砖线/砖角手举起！"
4. 踩错颜色或者踩错位置的幼儿要回到圆圈内，在其他的幼儿继续游戏的时候作为裁判，检查其他的幼儿是否踩对。

5. 当幼儿的人数少于全体人数一半的时候，游戏停止。

游戏规则

1. 只有当教师的儿歌说完之后幼儿才能开始跑。

2. 根据幼儿的人数和地砖的数量，教师可以规定踩到每块地砖上的幼儿人数，例如每块地砖只能有一名幼儿或几名幼儿。如果人数不对，踩到这块地砖的所有幼儿均要回到圆圈内扮演裁判。

指导建议

1. 本游戏适合5—6岁的幼儿。

2. 教师说完儿歌的最后一个字，幼儿开始跑的时候，教师可以倒数3秒，以增强幼儿做游戏的兴趣和竞争意识。

3. 幼儿熟悉游戏玩法后，教师可以在圆圈的外面再画一个更大的同心圆；幼儿在教师说完儿歌后，要跑到大圆圈的外面踩相应的位置。增加跑动的距离可以提高游戏难度，增强游戏的挑战性。

（游戏"踩线踩角"参照图2-6）

图2-6 游戏"踩线踩角"

8 单脚—双脚—单脚—跳

（游戏设计：杨雪扬、孙琼）

▪ 游戏名称

"单脚—双脚—单脚—跳"。

▪ 游戏目标

1. 喜欢利用自然环境中已有的条件做游戏，并锻炼身体。
2. 能连续单双脚交替行进跳。
3. 跳跃能力和腿部的力量得到发展。

▪ 游戏准备

有地砖的地面，并用粉笔在地砖上间隔画上标记。场地布置如图：

起跳线	←				15米左右				→	
		×		×		×		×		×	
	×		×		×		×		×		
		×		×		×		×		×	
起跳线		×		×		×		×		×	终点线
	×		×		×		×		×		
		×		×		×		×		×	

▪ 游戏玩法

1. 幼儿排成人数均等的两列纵队，站在起跳线后做准备。
2. 游戏开始，两队排头的幼儿开始跳跃。跳跃时，按照地砖上的标记，每个画有标记的地砖上只能跳落一只脚，即单脚—双脚—单脚—双脚……交替连续行进跳，直至终点线。到达终点线后，两名幼儿分别从场地的外侧跑回，拍本队下一名幼儿的手后，排到本队的队尾。被拍到手的幼儿起跳。如此接力进行，直至本队最后一名幼儿跳完，跑回后拍第一名幼儿的手，第一名幼儿将手举起，示意本队完成比赛。
3. 先完成的一队为获胜，游戏结束。

▪ 游戏规则

1. 幼儿需按照地砖上的标记，单双脚连续交替行进跳。如果动作不对，需回到起跳线重新起跳。

2. 在接力赛时，前一名幼儿需要拍下一名幼儿的手，下一名幼儿方可起跳。

■ 指导建议

1. 本游戏适合4—6岁的幼儿。

2. 单双脚交替跳的行进方式，可以在教师组织幼儿转换游戏场地时使用，使过渡环节变得有趣而生动。

3. 每块地砖不宜过大，以边长20厘米的地砖为宜。

❾ 投沙包
（游戏设计：杨雪扬、李岩）

■ 游戏名称

"投沙包"。

■ 游戏目标

1. 喜欢利用自然环境中已有的条件做游戏。

2. 能将沙包投进相应颜色的地砖内。

3. 上肢的力量、控制能力和投物的准确性得到提高。

■ 游戏准备

1. 有不同颜色地砖的场地（例如红色和灰色）。

沙包若干个（数量为幼儿人数的一半）。

两种颜色的速叠杯若干个（数量多于幼儿的人数，每种颜色要多于幼儿人数的一半，没有速叠杯可以用不同颜色的小锥筒或相似物品替代）。

2. 场地布置如图：

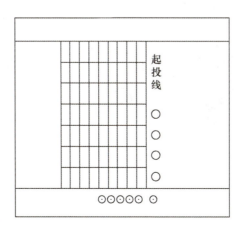

游戏玩法

1. 幼儿分成人数相同的两组，每组选择一种地砖的颜色并命名。如选择红色的为红砖组，灰色的为灰砖组。

2. 红砖组的幼儿手持沙包站在起投线后，灰砖组的幼儿手拿红色速叠杯站在场地边等候。

3. 游戏开始，教师请红砖组的幼儿将沙包投进任意一块红色地砖内，灰砖组的幼儿在落有沙包的红色地砖上放一个红色的速叠杯。

4. 红砖组的幼儿捡回沙包回到起投线，再次游戏。

5. 红砖组的幼儿进行3次后，换灰砖组的幼儿投沙包。灰砖组的幼儿需将沙包投进任意一块灰色地砖里，红砖组的幼儿在落有沙包的灰色地砖放绿色的速叠杯，同样进行3次。

6. 教师请幼儿数一数，是地上红色的速叠杯多还是绿色的速叠杯多，数量多的一组获胜。

游戏规则

1. 投沙包的幼儿不得脚踩或者越过起投线。

2. 每块地砖只能放一个速叠杯，如果幼儿将沙包再次投进已经放了速叠杯的地砖，也不能再次记录。

3. 幼儿可以用抛、扔或肩上挥臂投物等动作投沙包。

4. 沙包落入哪块地砖要以沙包最后静止的位置为准。

指导建议

1. 本游戏适合4—6岁的幼儿。

2. 教师最好选择不易滚动的沙包。

3. 为了方便幼儿记录，教师可以让两组幼儿在游戏前一一对应，找到一名为自己放速叠杯的幼儿。

（游戏"投沙包"参照图2-7）

图2-7 游戏"投沙包"

❿ 走钢丝

（游戏设计：杨雪扬、李岩）

■ 游戏名称

"走钢丝"。

■ 游戏目标

1. 喜欢利用自然环境中已有的条件做游戏。
2. 能脚跟碰脚尖的双脚交替直线行进，并保持身体的平衡。
3. 身体的控制能力和平衡能力得到发展。

■ 游戏准备

1. 幼儿看过杂技演员走钢丝的表演。
2. 地砖铺成的地面。

教师用粉笔沿砖缝画长短为5—10米不等的若干条直线。

■ 游戏玩法

1. 幼儿排成一列纵队。
2. 游戏开始，教师说："今天，小朋友们来当小小杂技演员，我们要练走钢丝的本领。现在我们的地面上画好了几条钢丝，钢丝非常细，小朋友们的两只脚都要踩在钢丝上，才能保证不从钢丝上掉下去。小朋友们需要脚跟对脚尖，一步一步挨着走。为了保持平衡，我们可以把胳膊打开。"
3. 在教师的带领下，小小杂技演员们小心地走过钢丝。
4. 走完几条钢丝，教师说："小演员们今天练得非常棒！回家后我们也可以给爸爸妈妈表演了！"
5. 游戏结束。

■ 游戏规则

幼儿走钢丝的时候，每一步都要脚跟挨着脚尖走。

■ 指导建议

1. 本游戏适合3—6岁的幼儿。
2. 5—6岁的幼儿玩本游戏时，除了向前走以外，还可以用同样的方法向后走。

3. 教师可以带领幼儿随时随地开展游戏，如散步的时候、游戏中间转换场地的环节、运动后的放松环节等。

4. 几条钢丝之间要有一定的距离，供幼儿放松休息。

5. 几条钢丝的分布可以根据场地的实际情况而定，可以呈平行线、之字线、矩形等形式分布。

6. 游戏也可以根据教师和幼儿的人数，分成几队同时开始。

7. 由于走钢丝时需要幼儿集中注意力，保持身体平衡，因此这个游戏不适宜以竞赛的形式开展，避免幼儿因求速度而忽视动作要领。

（游戏"走钢丝"参照图2-8）

图2-8　游戏"走钢丝"

⑪ 走马路牙

（游戏设计：杨雪扬、王佳）

■ 游戏名称

"走马路牙"。

■ 游戏目标

1. 喜欢利用自然环境中已有的条件做游戏。

2. 能在马路牙上左右脚交替前行中保持身体平衡。

3. 平衡能力和身体的控制能力得到提高。

游戏准备

有马路牙的道路（长度不限）。

游戏玩法

1. 幼儿排成一路纵队，站在马路牙的一端。
2. 游戏开始，幼儿依次登上马路牙，双臂打开保持平衡，左右脚交替前行。
3. 所有的幼儿走完整段路程后，游戏结束。
4. 教师可以根据幼儿的兴趣重复游戏。

游戏规则

1. 每名幼儿要与前面一名幼儿保持一定的距离。
2. 幼儿不能保持平衡掉下马路牙时，不可以拉扯前后的幼儿。

指导建议

1. 本游戏适合4—6岁的幼儿。
2. 教师要注意保护平衡能力较弱的幼儿。
3. 马路牙的长度不限，分布的位置也不限，教师可以根据实际道路情况组织游戏。距离太长幼儿可以中途停下来休息，距离太短可以反复走，若马路牙分散在不同的位置可以变换行走方向。
4. 本游戏需要幼儿专心且心理放松，以保持身体平衡，所以不宜以竞赛的形式开展。

（游戏"走马路牙"参照图2-9）

图2-9 游戏"走马路牙"

⑫ 走树墩

（游戏设计：杨雪扬、覃秋凤）

■ 游戏名称

"走树墩"。

■ 游戏目标

1. 善于利用自然环境中已有的条件做游戏。
2. 能在有一定高度和间隔的树墩上行走并保持平衡。
3. 平衡能力和注意力得到发展，勇敢的精神得到培养。

■ 游戏准备

环境中有树墩的地方。

■ 游戏玩法

1. 幼儿排成一列纵队，站在树墩的一端。
2. 游戏开始，幼儿依次登上树墩，左右脚交替前行。在行走的过程中，打开双臂，保持平衡。
3. 幼儿依次而行，直至最后一名幼儿走完最后一个树墩，游戏结束。
4. 教师可以根据幼儿的兴趣重复游戏。

■ 游戏规则

1. 所有的幼儿需按照同一个方向行进。
2. 前一名幼儿走过两个树墩后，下一名幼儿方可出发，以保证每名幼儿之间有一定的距离。
3. 为了保证安全，在树墩上行走的过程中，前后两名幼儿之间不可以有身体接触。

■ 指导建议

1. 本游戏适合4—6岁的幼儿。
2. 对于年龄小的幼儿、平衡能力较弱的幼儿、第一次走树墩的幼儿，教师需适当手扶并加强保护，以鼓励幼儿敢于登上树墩行走，并保持身体平衡。
3. 在有一定高度、一定间隔距离的物体上行走，需要幼儿集中注意力。因此，为了保证幼儿安全，本游戏不宜以竞赛的形式进行，也不宜要求幼儿快速完成。

（游戏"走树墩"参照图2-10）

图2-10　游戏"走树墩"

⑬ 跳跳小树墩

（游戏设计：杨雪扬、尤凤娇）

■ 游戏名称

"跳跳小树墩"。

■ 游戏目标

1. 喜欢并善于利用自然环境中已有的条件做游戏。
2. 能在跳起的瞬间两脚前后交换位置。
3. 身体的灵活性和灵活跳跃的能力得到提高，创造思维得到发展。

■ 游戏准备

有小树墩的环境。

■ 游戏玩法

1. 幼儿排成一队，面对小树墩一步左右的距离站好。

2. 游戏开始，幼儿原地跳跃，落地时双脚一前一后，前脚落在小木桩上，后脚落在地面上。然后两脚同时蹬地再次起跳，在空中时双脚交换位置。如此以往，每次跳跃落地后双脚都互换位置。

▰ 游戏规则

1. 幼儿两脚要同时蹬地起跳，使跳跃动作连贯流畅。
2. 幼儿不可拉扯旁边的幼儿，以免使他人失去重心，影响其他的幼儿进行游戏。

▰ 指导建议

1. 本游戏适合4—6岁的幼儿。
2. 幼儿在跳跃的过程中可以根据自己的兴趣和体力，随时休息或再次加入游戏。教师也可以根据对幼儿的呼吸、面色、动作的连贯性和协调性等方面的观察，以及幼儿表现出的对游戏的兴趣等因素，灵活掌握游戏的时间，随时停止游戏。
3. 教师也可以根据幼儿园的具体情况，利用马路牙、台阶等条件开展游戏。

（游戏"跳跳小树墩"参照图2-11）

图2-11 游戏"跳跳小树墩"

⑭ 跳跃比赛

（游戏设计：杨雪扬、尤凤娇）

■ 游戏名称

"跳跃比赛"。

■ 游戏目标

1. 喜欢利用自然环境中已有的条件做游戏，并锻炼身体。
2. 能快速连续双脚向前行进跳。
3. 跳跃能力得到发展，下肢的力量得到锻炼。

■ 游戏准备

1. 沙包若干个（数量与幼儿的人数相等）。
纸箱2个。
2. 将沙包放在投掷线处，2米之外放2个纸箱。
画有短横线的场地，短横线之间的距离为50厘米，短横线的数量为20条，共两组。场地布置如图：

■ 游戏玩法

1. 幼儿分成两列纵队，分别站在起跳线后。
2. 游戏开始，两队第一名幼儿双脚连续向前行进跳。跳至终点线后，站在投掷线后，将沙包抛入或投入纸箱内。
3. 投掷后的幼儿从场地的外侧跑回本队，拍本队下一名幼儿的手后，排至本队的队尾。被拍到手的幼儿继续比赛。

4. 每队最后一名幼儿完成游戏后，跑回拍本队第一名幼儿的手，第一名幼儿迅速举手示意本队完成比赛。

5. 先完成比赛的一队为获胜队。

游戏规则

1. 幼儿跳跃时，双脚须并拢同时起跳同时落地。
2. 幼儿跳跃时，动作要连贯，落地即起，落地后不得移动双脚。
3. 跳跃落地时，幼儿的脚不能踩横线，只能落在两条线之间。

指导建议

1. 本游戏适合5—6岁的幼儿。
2. 跳跃的长度可以随幼儿的体力和动作发展的具体情况适当延长或缩短。
3. 教师可以将每队幼儿投入纸箱的沙包数量作为另一个获胜条件，以增加幼儿获胜的机会，提高幼儿对游戏的兴趣。

（游戏"跳跃比赛"参照图2-12）

图2-12 游戏"跳跃比赛"

15 跑上跑下

（游戏设计：杨雪扬、苏伟）

■ 游戏名称

"跑上跑下"。

■ 游戏目标

1. 敢于参与具有一定挑战性的活动，能体验到克服困难后获得成功的快乐。
2. 练习在坡度较缓的小山上跑上跑下。
3. 灵活跑的能力、腿部的力量以及身体的协调性得到提高。

■ 游戏准备

地形坡度较缓的小山，在缓坡的下坡一侧隐蔽处，分散放置玩具若干个（数量与幼儿的人数相等）。

■ 游戏玩法

1. 幼儿在小山下准备，教师说："小朋友们，今天我们要玩一个寻宝的游戏。大家要从小山的这一面跑上去，再从小山的另一面跑下去。在小山的另一面，藏着各种'宝贝'，每个小朋友要找到一件！"
2. 游戏开始，幼儿开始跑上小山，再从小山上跑下。每名幼儿找到一件玩具后，游戏结束。

■ 游戏规则

1. 跑下小山的幼儿不要在山坡下停留。
2. 每名幼儿只能寻找一件宝贝。

■ 指导建议

1. 本游戏适合5—6岁的幼儿。
2. 玩具的数量也可以多于幼儿的人数。幼儿寻找到一件玩具后，可以重复游戏，直至所有的玩具都被找到。
3. 从小山向下跑的时候，幼儿的速度有快有慢，容易出现碰撞；因此这个游戏适宜以小组的形式开展，人数不宜过多，避免幼儿相互碰撞。
4. 如果幼儿园里没有小山，教师也可以利用有缓坡的地方。如果条件都不具备，教师可以建议家长以亲子游戏的形式进行。

⑯ 爬山

（游戏设计：杨雪扬）

■ 游戏名称

"爬山"。

■ 游戏目标

1. 敢于尝试具有一定难度的游戏，并为自己的努力感到快乐。
2. 能爬上山坡并用适当的速度下山，在整个过程中保持身体平衡。
3. 全身动作的协调性和力量的控制能力得到提高。

■ 游戏准备

1. 幼儿穿运动类服装和鞋子。
2. 有小山的地形。

■ 游戏玩法

1. 幼儿在山脚下做好爬山的准备，检查自己的鞋子、衣服是否安全。
2. 游戏开始，教师与幼儿一起爬山。必要的时候教师要推扶或拉拽幼儿，并根据实际状况提示幼儿注意安全。
3. 登上山顶后，大家一起欣赏美景，体验成功的喜悦。
4. 教师与幼儿一起下山。全部安全下山后，游戏结束。

■ 游戏规则

1. 幼儿要沿教师行走的路线前行。
2. 幼儿下山的速度不要过快，不能超过前面的教师。

■ 指导建议

1. 本游戏适合5—6岁的幼儿。
2. 教师要提前选择适合的小山，其高度和爬山的难度要符合幼儿实际的运动能力和体力。
3. 教师要提前确定好上山和下山的路线，清除具有危险性的因素，例如带刺的树枝或容易滚落的石头。
4. 如果有3名教师带领幼儿游戏，在爬山的过程中，一名教师在前面带领幼儿，一名教师在最后，另一名教师在途中有一定难度的位置适当给幼儿提供帮助和保护。在下山的过程中，一名教师在最前面，一名教师在最后面，另一名教师在距离前面教师较近的位置。

5. 师生的服装以长裤、长袖的运动衣为宜。

6. 建议年龄较小的幼儿以亲子游戏的形式进行活动。

17 骑上骑下

（游戏设计：杨雪扬、李岩）

■ 游戏名称

"骑上骑下"。

■ 游戏目标

1. 敢于参与具有一定挑战性的活动，体验到克服困难获得成功的快乐。
2. 能骑着小车上缓坡，骑着小车下缓坡。
3. 腿部和臂部的力量得到锻炼，身体的协调性得到提高。

■ 游戏准备

1. 幼儿用小车每人1辆。
2. 利用环境中有缓坡的地形。

■ 游戏玩法

1. 幼儿骑小车，教师说："今天，小朋友们要完成一个有难度的任务，我们要自己用力骑着小车上坡，然后再骑着小车冲下坡。上坡的时候，小朋友的手要用力攥住车把，两腿用力蹬。冲下坡的时候速度会有点快，双手要握紧车把不能撒手。这个任务需要大家勇敢，大家有没有信心！"
2. 游戏开始，幼儿依次骑着小车上缓坡，再骑上小车冲下缓坡。
3. 游戏可以反复多次进行。

■ 游戏规则

1. 下缓坡的道路上不能有幼儿或小车停留。
2. 骑车下缓坡时，幼儿的双脚要踩在小车的脚踏板上，以免受伤。
3. 骑车下缓坡时，幼儿要双手握好车把，不能松开。

指导建议

1. 本游戏适合5—6岁的幼儿。

2. 要安排一名教师站在缓坡的顶部，控制向下骑车幼儿的间距。当下坡道上没有幼儿或小车停留时，下一名幼儿才能从缓坡上骑下来。

3. 本游戏需要幼儿克服畏难和害怕的心理，教师对胆小或能力弱的幼儿应给予更多的保护和鼓励。

（游戏"骑上骑下"参照图2-13）

图2-13　游戏"骑上骑下"

⑱ 翻越障碍

（游戏设计：杨雪扬、邓敏）

游戏名称

"翻越障碍"。

游戏目标

1. 喜欢利用自然环境中已有的条件做游戏，并在游戏中感受到快乐。

2. 能翻越倒在地上较粗的枯树干。

3. 坚强勇敢的意志品质得到培养，翻滚能力和身体的灵活性得到提高。

游戏准备

1. 放倒在地上的较粗的枯树干1根（直径约为70—80厘米）。
垫子若干个，打开铺盖在枯树干上。
2. 幼儿看过特警队员翻越障碍训练的视频。
3. 场地布置如图：

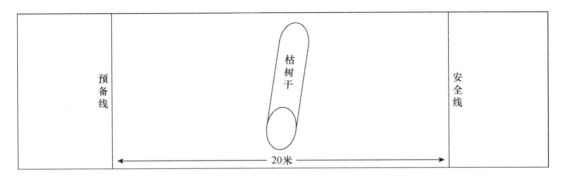

游戏玩法

1. 幼儿排成纵队扮演特警队员，站在距离枯树干约10米远的预备线后。
2. 游戏开始，幼儿依次跑到障碍物的面前，身体与枯树干平行（趴在枯树干上），然后向枯树干的另一侧转移身体重心。落地时，须一条腿先着地，再起身站稳。翻越过障碍物的幼儿跑到安全线后为其他的幼儿加油。
3. 幼儿依次进行。
4. 所有的幼儿均翻过障碍物后，游戏结束。

游戏规则

1. 幼儿趴在枯树干上面的时候要抬起头，以看清方向并避免擦伤面部。
2. 翻越落地时，要一只脚先踩稳地面，身体其他的部位才能离开枯树干。
3. 前面一名幼儿翻越障碍物完成后，下一名幼儿才能出发。
4. 翻越过障碍物的幼儿要站到安全线以外，不得在枯树干旁停留。

指导建议

1. 本游戏适合5—6岁的幼儿。
2. 如果只有一根枯树干，教师可以在树干上铺盖两块垫子，幼儿分成两队同时进行。如果场地上分别有两根或者两根以上的枯树干，可以做连续翻越障碍的游戏。
3. 教师的站位以幼儿翻越后将要落地的一侧为宜，重点防范幼儿除了腿以外的身体其他部位先落地。

19 山沟里的狼

（游戏整理：杨雪扬、邓敏）

■ 游戏名称

"山沟里的狼"。

■ 游戏目标

1. 喜欢利用自然环境中已有的条件做游戏，并锻炼身体。
2. 能助跑跨跳过宽度为40厘米左右的平行线。
3. 助跑跨跳的能力和全身运动的协调性得到提高。

■ 游戏准备

1. 狼的头饰1个，小羊的头饰若干个（数量比幼儿的人数少1个）。
2. 利用操场上跑道的直线部分作为游戏场地。场地布置如图：

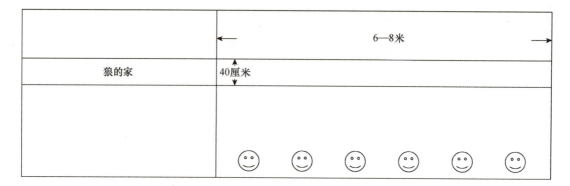

■ 游戏玩法

1. 一名幼儿戴狼的头饰扮演狼，站在平行线的中间。其他的幼儿扮演小羊，站在距离平行线5米左右的地方。
2. 游戏开始，教师说："孩子们，今天妈妈要带你们到那边的草地去玩。但是，中间有一道小沟，小沟里有一只狼，宝宝们要像妈妈这样跑到小沟的前面，然后跨跳过小沟。宝宝们要用力跳起来迈大步跳过去，不要掉到沟里，否则会被狼抓到。"
3. 羊妈妈带着小羊跑到小沟前，跨跳过小沟。狼在平行线的中间移动，伸手抓碰小羊。
4. 没有跨跳过去的小羊和被狼抓碰到的小羊，要到狼的家里暂停游戏。狼可以继续抓小羊。

5. 全体小羊均跨跳过小沟，教师清点被狼抓住的小羊，游戏结束。

■ 游戏规则

1. 小羊不能从平行线的两端绕过小沟。

2. 狼只能在平行线的范围内行动，脚不可以迈到平行线以外去抓小羊。

3. 掉进沟里或被狼抓住的小羊，要待在狼的家里，不能再出来，直到本次游戏结束后方可重新加入游戏。

4. 如果小羊因为狼的阻拦，长时间没有机会跨跳过小沟，则被视为脱离了集体，也将进到狼的家。

■ 指导建议

1. 本游戏适合4—6岁的幼儿。

2. 如果扮演小羊的幼儿的人数较多，教师可以考虑延长平行线的长度，同时增加扮演狼的幼儿的数量。

3. 5—6岁的幼儿玩本游戏，教师可以增加平行线间的宽度。

⑳ 倒上滑梯

（游戏设计：黄旭、王佳、孙琼）

■ 游戏名称

"倒上滑梯"。

■ 游戏目标

1. 敢于克服害怕的心理，尝试具有一定挑战性的游戏，并为自己的努力而感到快乐。
2. 能快跑冲上滑梯的滑道并保持身体平衡，手脚交替爬至滑道的顶部。
3. 四肢的力量和四肢协调配合的能力得到提高。

■ 游戏准备

有两条直线滑道的大型组合玩具。

■ 游戏玩法

1. 幼儿排成一列纵队，站在距离滑梯滑道大约10米的位置。

2. 游戏开始，每队第一名幼儿快速跑向滑梯的滑道，冲上滑道，双手握紧滑道两侧的边缘，手脚并用爬至滑道的顶部，然后从另一条滑道滑下。

3. 当前一名幼儿达到第一道滑道的顶部以后，下一名幼儿起跑开始游戏。

4. 所有的幼儿完成后，游戏结束。

■ 游戏规则

1. 幼儿在快跑冲上滑道后，要双手握紧滑道的边缘，手脚交替向上爬。
2. 前一名幼儿没有到达滑梯顶部的时候，下一名幼儿不能出发。
3. 滑下第二道滑梯后，幼儿要马上离开，回到队尾，不得在滑梯口附近停留。

■ 指导建议

1. 本游戏适合5—6岁的幼儿。

2. 一般在幼儿园里不允许幼儿从滑梯的滑道向上爬。因此，当教师组织游戏的时候，幼儿会充满好奇和期待，同时也会有一定的害怕心理。初次做游戏的时候，教师可以让幼儿从手脚爬滑梯和滑道开始，循序渐进。当幼儿可以动作协调地独自爬上后，教师再加上快跑向上冲的动作。

3. 教师要站在滑道旁在必要时给予幼儿适当的保护和帮助。

4. 幼儿不宜穿裙子或短裤，要穿适合的运动鞋。

5. 当幼儿不再有害怕心理，同时能够动作灵活、协调地完成这一系列动作之后，教师可以将幼儿分成两队，以竞赛的形式组织游戏。幼儿从滑道处上，从台阶处下，以先完成游戏的一队获胜。

（游戏"倒上滑梯"参照图2-14）

图2-14 游戏"倒上滑梯"

第三章 一物多玩

❶ 竹竿游戏

（游戏设计：韩巧巧、孙佳丽、郭宏、赵红岩、苏伟、宋海燕、刘扬、覃秋凤、骆春圆）

竹竿不仅可以用作建筑用材、家具原料，而且还可以用作孩子们的玩具。在玩具匮乏的时代，竹竿一直都是孩子们的忠实玩伴，它承载着很多人儿时的记忆，小伙伴们或三五成群，每人胯下一根竹竿，骑着这"高头大马"，在小河旁、大院间尽情地奔跑嬉戏；或手持竹竿，舞刀弄枪；或做成梯子，爬上树梢、屋顶……

在民间，特别是很多少数民族地区，更是盛行着各种借助竹竿完成的舞蹈和杂技。打竹舞就是其中的代表，它源于我国黎族、傣族等少数民族，竹竿被有节奏地敲击，舞者在竹竿中来回穿梭，虽简单易学，但极具趣味性和挑战性。

虽然现在城市里孩子们的玩具多了，但你会发现，孩子们一旦得到一根竹竿，仍会表现出天然的兴趣和亲近感。

北京大学附属幼儿园利用竹竿开展的多种多样的体育游戏活动深受孩子们的喜欢。孩子们在用竹竿做游戏的过程中，不仅可以开阔视野，在丰富多彩的活动中享受美、感受美，而且还可以促进自主创新、合作探究、与同伴交往的能力，同时还增强了集体荣誉感和团队精神。

■ 游戏目标

1. 喜欢利用竹竿进行游戏，体验到集体游戏带来的快乐。
2. 尝试探索竹竿的不同玩法，想象力和创造力得到激发。
3. 身体的灵活性和协调性得到发展。
4. 合作的意识和团体协作精神得到发展。

■ 游戏玩法

1. 跳竹竿

将竹竿放在地上，幼儿可以在竹竿间单脚跳、双脚跳、双脚分合跳或其他自创花样跳。

2. 钻竹竿

将竹竿架起一定的高度，幼儿在竹竿间钻行。幼儿可以自主将多根竹竿架成高低空间不等的竹竿网，供多人集体游戏。

3. 跨竹竿

与跳皮筋相比，跳竹竿更具有挑战性，对幼儿的心理是一种考验，也正因如此，更加受到幼儿的欢迎。跨越竹竿的高度可以由低到高，支撑竹竿的时候要注意方法，应让竹竿在遇到较大的外力时可以掉落，以避免幼儿因竹竿牢固而被绊倒摔伤。

4. 竹竿运物

两人一组，双手握住两根竹竿的两端，使竹竿成平行状，将物体架在两根竹竿上，从一端运送到另一端。幼儿通过游戏学习相互商量、相互配合，不仅在游戏中锻炼了身体的协调性，而且也使幼儿的社会性得到发展。

5. 骑马游戏

将一根竹竿骑在胯下当马，幼儿可以以个人为单位玩游戏，教师也可以组织幼儿群体游戏、分角色游戏、分组玩对抗性游戏等。游戏中以物代物，给了幼儿充分想象和创造的空间。

6. 挑担子

幼儿两人一组，将一根竹竿上垂挂一些物品，并将竹竿放在两人的肩上。两名幼儿合作将这些物品从一端转移至另一端。在这样的游戏中，幼儿可以充分发挥想象力和创造力，赋予游戏不同的情境和内容，有效地促进幼儿之间的相互配合和相互理解。

7. 划船

幼儿多人为一组，使用两根竹竿。每组幼儿排成纵队，大家左右手各握一根竹竿形成一条小船，每条船上的幼儿同时屈肘握住竹竿，手臂在体侧画圆做划船状，同时一起向前或走或慢跑行进。这是一个典型的集体游戏，幼儿行进的速度要一致，方向要统一，手臂划船的动作幅度也要一样，每名幼儿要感受同伴的用力情况、方向、速度和节奏，要将自己的动作与同伴融为一体。本游戏可以有效促进幼儿的团队意识和相互配合。

8. 竹竿小路

将竹竿一根一根紧挨在一起，两端稍作固定，幼儿在上面行走。由于竹竿是圆柱体，幼儿踩在竹竿上的感觉与平时踩在地面上不同，因此会激发幼儿极大的游戏兴趣。竹竿会略有滚动，增加了行走时的不稳定性和不确定性，所以幼儿需要集中注意力，随时调整自己的身体以保持平衡。本游戏在促进幼儿平衡能力发展的同时，也有效促进了幼儿注意力的发展。

9. 竹竿立起来

每名幼儿有一根长约1.2米的细竹竿。幼儿一只手手心向上，将竹竿的一端立在一根手指的指肚上，松开扶住竹竿的手，用手臂和身体的移动保持竹竿呈直立状态。幼儿对这个游戏有持久而浓厚的兴趣，即使在自己不能顺利地将竹竿立起来的阶段，也不会因此而气馁或者放弃，而是百试不厌。本游戏不仅有助于培养幼儿敢于挑战困难、坚持不放弃的意志品质，而且还有助于让幼儿高度集中注意力。

10. 竹竿不能倒

幼儿几人为一组，每组一根2.5—3米长的竹竿，在竹竿的一端系一个绒毛玩具。一名幼儿手扶竹竿，让竹竿立起来，其他的幼儿四散地在场地上。教师大声说："竹竿要倒了！"幼儿四散地跑开，手扶竹竿的幼儿大声喊一名幼儿的名字，同时松开双手跑开，被喊到名字的幼儿立刻跑过去扶住竹竿，不能让竹竿倒下，也不能让上面的绒毛玩具碰到地。幼儿参与这个游戏必须保持注意力高度集中，时刻准备被叫到名字。一旦听到自己的名字，幼儿要立刻快跑过去扶住竹竿。本游戏可以使幼儿的注意力和快速反应能力得到很好的发展。

11. 竹竿桥

教师将竹竿并排固定成宽约40厘米的竹排，将其架在两个相距1.5—2米、高约15—20厘米的支撑点上，形成一座竹桥。幼儿从竹桥的一端走到另一端。走在竹桥上的感觉不同于走在平衡木上，会有些许的颤动，因此幼儿在走过竹桥的时候，需要保持注意力的集中和身体的平衡。本游戏有助于促进幼儿平衡能力的发展、注意力的发展和勇敢精神的培养。

12. 竹竿梯

教师将粗竹竿横竖固定成竹梯，将竹梯的一端靠在墙体或者树干上，或固定在某一个大型玩具上，幼儿可以沿竹梯攀爬。这个游戏非常符合幼儿爱探险、好奇心强的特点。教师可以将游戏赋予一定的实际功能，例如登上竹梯悬挂一些物品，让竹梯的游戏功能在生活中得以运用。这样的做法有助于帮助幼儿积累生活经验，促进幼儿独立解决生活中遇到的问题。

13. 爬竹竿

教师将竹竿直立固定。幼儿双手紧紧攥住竹竿，身体紧紧抱住竹竿，两腿屈膝盘住竹竿，双脚相对蹬住竹竿。幼儿利用双手和双脚不断地交替向上移动，从竹竿的下方爬到竹竿的上方。由于上肢的力量有限，幼儿在爬杆时需要教师给予适当的辅助和保护。另外，竹竿下面的地面应富有弹性。

❷ 纸张游戏

（游戏设计：谢珍金、邓敏、王佳、尤凤娇、张金红、王敬）

几个小伙伴，几架纸飞机，用力投向空中，看谁的飞得远、飞的时间长。为了让自己的纸飞机成为冠军，还要在扔出纸飞机之前，将机头放在嘴前用力哈几口气，似乎这样纸飞机就可以飞得更高更远……这个场景是不是每个人都经历过？

纸，是大家司空见惯的东西，它与我们朝夕相处、形影不离。在游戏中，纸可以作为一种材料，辅助幼儿开展各种游戏活动，以实现促进幼儿体能发展的目的。在游戏中，教师与幼儿共同探索纸的各种玩法，帮助幼儿创作属于自己的"专利"，其意义更不只是游戏而已。

■ 游戏目标

1. 感受到游戏的乐趣，喜欢与小朋友们合作游戏。
2. 感受到自制玩具的快乐。
3. 跳、跑、钻、爬等基本动作得到发展。
4. 动作的灵活性、协调性得到发展。

■ 游戏玩法

1. 不让纸张掉下来

（1）幼儿将纸张放在胸前，快走或者跑，不让纸张掉下来。

（2）幼儿将手立起来，掌心向前，将纸张立靠在手心前，快走或者跑，不让纸张掉下来。

（3）幼儿将较硬的纸张顶在头顶上，行走、绕障碍走、走平衡木等，不让纸张掉下来。

（4）幼儿将较硬的纸张放在后背上，手脚爬或者手膝爬，不让纸张掉下来。

（5）幼儿将较轻薄的纸张扔向空中，用吹气、舞动手臂、一次次托打纸张等方法，保持纸张在空中不掉下来。

以上游戏教师可以让幼儿单独进行，也可以集体进行。教师在组织游戏时，要给幼儿留下想象与创造的空间，可以将问题抛给幼儿，鼓励他们自己想办法、自主探究、自我感受和自我领悟，促使幼儿在游戏的同时得到智力的发展。

2. 白天与黑夜

在地上放置一些正反两面分别为黑色和白色的纸张，黑色与白色各占一半。幼儿分成两组，分别代表白天组和黑夜组。在一定的时间内，两组幼儿快速将地上的纸张频繁翻动。白天组将黑色纸翻成白色面向上，黑夜组将白色纸翻成黑色面向上。计时结束，呈现的白色纸多则白天组胜，反之则黑夜组胜。

这个游戏可以很好地锻炼幼儿的观察力、注意力、快速反应能力、身体的灵活性等，同时也有助于增强幼儿的团队意识。

3. 穿过纸张

将废旧纸张固定在圆圈内悬挂起来，幼儿手持飞镖向其投掷，使飞镖击中或者穿透纸张。玩本游戏时，教师要确保投掷方向无人穿行。

4. 搬着石头过河

每名幼儿拿两张废旧纸张，幼儿的任务是从场地的一端走到另一端，要求是只能踩在纸张上。幼儿需要站在第一张纸上，将第二张纸移到前面，再踩到这张纸上，再将第一张纸移到前面。幼儿可以从一张纸走到另一张纸，也可以大步跨到另一张纸上，还可以跳到另一张纸上，在整个移动的过程中脚不能踩到纸张以外的地方。几名幼儿之间可以比赛，看谁的速度快。

5. 放风筝

教师在纸张上粘上一根小线，幼儿拉着小线跑动，让纸张飞起来。

6. 舞彩带

教师将废旧纸张裁成纸条相互粘连，制成彩带。幼儿手拿彩带的一端，跑动或舞动，让彩带飞舞起来。本游戏可以锻炼幼儿的上肢力量。

7. 捉尾巴

教师将较柔软的废旧纸张裁成纸条，纸条的一端掖在幼儿身后的裤腰处，成尾巴状。一名幼儿或几名幼儿扮演捉尾巴的人。幼儿在一定的范围内四散地躲闪跑，捉尾巴的人追逐揪下幼儿身后的尾巴。

8. 打包

教师将废旧纸张折叠成正方形纸包状，有正反两面，幼儿两人一组。一名幼儿将手中的纸包甩向地面放置的另一个纸包，力争将地面的纸包打翻成另一面向上。每人5次机会，如果没有成功地将纸包打翻，则换另一名幼儿游戏。如果成功地将纸包打翻，则赢得被打翻的纸包，同时再放另一个纸包在地上，继续游戏。谁赢的纸包多，谁就胜利。

9. 纸飞机

教师将废旧纸张折成纸飞机，让幼儿向空中投掷，看看谁的纸飞机飞得高、飞得远、飞的时间长。

10. 纸球游戏

（1）抛接纸球：幼儿可以自抛自接纸球；或两人相互抛接纸球；或多人抛接纸球等。

（2）投掷纸球：幼儿可以掷远；掷准；也可以击打移动的目标。

（3）拿棍赶球走：幼儿手持小棍，赶着纸球向指定方向走；或用小棍赶着纸球走并击打纸球过球门。

（4）双脚夹抛球、双腿夹球跳：幼儿将纸球夹在下肢某个部位，从一端跳到另一端。

（5）用身体运送纸球：幼儿不用任何辅助工具，看谁一次运送的纸球最多。例如，用手拿、用胳膊抱、用腿夹、用下颌夹、用肩膀与头夹等。

（6）双人报纸运纸球：两人一组，每组一张1/4大小的报纸。在一定的时间内，两名幼儿一起以报纸为工具，将纸球从集中放置的大纸箱里运送到指定位置。计时结束，比一比哪一组运送的纸球最多。

（7）垒纸球塔：每名幼儿或每个小组的纸球数量一样多，看看哪名幼儿或者哪个小组在一定的时间内能将纸球垒得更高。计时结束比高低的时候，幼儿不能用手扶。

（8）踢球：教师将纸球当作小足球，让幼儿向任意方向踢，或者向指定方向踢。

11. 纸棍游戏

（1）跳纸棍：方法一，将每一根纸棍间隔一定的距离放在地上，幼儿单脚或双脚在纸棍间跳跃；方法二，将纸棍首尾相连摆成一条直线，幼儿以纸棍为中轴，在纸棍左右两侧行进跳跃；方法三，将几根纸棍并排放置在地上，形成一定的宽度，幼儿立定跳远或者跨跳过去。

（2）舞纸棍：幼儿将纸棍拿在手中，当作孙悟空的金箍棒，上下左右舞动。

（3）纸棍赶球：幼儿用纸棍赶动皮球向指定位置滚动。

（4）投纸棍：幼儿用纸棍当作标枪掷远。

3 绳子游戏

（游戏设计：李慧萍、李赟、张帅、王浩、李静萍、雷小娟、李岩、骆春圆）

绳子，是幼儿感兴趣的游戏材料之一，尤其中大班的幼儿已经将跳绳作为一项非常重要的体育锻炼。科学证明，跳绳对幼儿的身心发展有诸多好处：跳绳能加快胃肠蠕动和血液循环，促进机体的新陈代谢；幼儿在跳绳时自跳自数，能确立较好的数字概念和节奏感，同时还有助于左脑和右脑平衡协调地发展；幼儿通过单人跳绳、双人跳绳和多人跳绳等多种形式，可以自觉地形成组织纪律性，团结协作精神和集体主义观念也得到培养。

游戏目标

1. 探索绳子的多种玩法，体验到一物多玩的乐趣。
2. 通过观察和触摸，感知不同材料绳子的特性，了解它们的用途。
3. 走、跑、跳、平衡等基本动作得到发展。
4. 想象力、创造力得到发展。
5. 合作意识和集体荣誉感得到培养。

游戏玩法

1. 单人跳绳

（1）单人单摇双脚跳：一人一绳，摇一次双脚跳一次。

（2）单人单摇单脚跳：一人一绳，摇一次单脚跳一次。

（3）单人单摇左右脚交替跳：一人一绳，摇一次单脚跳一次，左右脚轮换。

（4）单人单摇行进跳：一人一绳，摇一次跳一次，一边跳一边向前行进。

（5）单人向后单摇双脚跳：一人一绳，向后摇绳，摇一次双脚跳一次。

（6）单人向后单摇单脚跳：一人一绳，向后摇绳，摇一次单脚跳一次。

（7）单人向后单摇左右脚交替跳：一人一绳，向后摇绳，摇一次单脚跳一次，左右脚轮换。

2. 双人跳绳

（1）带人跳：两名幼儿面对面站好，其中一名幼儿双手摇绳，当绳子经过脚下的时候，两名幼儿一起跳过。

（2）两人共同摇绳一起跳：两名幼儿并排，面向同一个方向站好，外侧的手分别拿住一根绳子的两端。两名幼儿一起摇绳，一起跳过。

3. 多人跳绳

（1）三人跳：方法一，3名幼儿并排相邻站好，两边的幼儿外侧的手分别拿住一根绳子的两端，两名幼儿一起摇绳，3名幼儿一同跳过。方法二，两名幼儿相对站立，另外一名幼儿站在中间，两边的幼儿分别拿住一根绳子的两端，同时向同一个方向摇绳，当绳子接触地面的时候，站在中间的幼儿跳过。

（2）集体原地跳绳：两名幼儿相对站立，分别拿住一根较长绳子的两端，中间站几名幼儿。两边的幼儿同时向同一个方向摇绳，当绳子接触地面的时候，中间的几名幼儿同时跳过。

（3）集体"8"字跳绳：两名幼儿相对站立，分别拿住一根较长绳子的两端，其他的幼儿在其中一名摇绳的幼儿身边排成纵队。两边的幼儿同时向幼儿站的方向摇绳。排队的幼儿从第一名开始，跑进摇绳区，当绳子接触地面的时候，跳过去，然后跑出摇绳区从对面摇绳的幼儿身后绕到另一侧。幼儿依次进行游戏。

（4）长绳套短绳跳：两名幼儿相对站立，分别拿住一根较长绳子的两端，一名幼儿手持一根单人跳绳站在两人的中间。两边的幼儿和中间的幼儿同时摇绳，当长绳与短绳同时接触地面的时候，中间的幼儿一次跳过两根绳子。

4. 跳过绳子

教师将绳子摆成竖线、横线、折线、曲线等形状，幼儿可以以绳子为障碍物，用左右跳、前后跳等方式跳过绳子。

5. 钻爬绳子

（1）从绳子下面钻爬而过：教师将一条绳子系在两把椅子上，幼儿从绳子下方正面或者侧面钻过。

（2）钻过绳区：教师将多条绳子分别系在高度不同的几把椅子上，使绳子距离地面的高度各不相同，每根绳子间隔60厘米左右，幼儿要连续钻过多条不同高度的绳子。

（3）爬过绳网：教师用多条绳子交错编成绳网，将绳网用椅子撑起与地面平行。幼儿从绳网下方爬行而过。

6. 绳子走平衡

（1）教师将绳子摆成直线、曲线等不同形状，幼儿在绳子上行走，要求幼儿的脚不能踩到绳子以外的地方。

（2）教师将两条绳子摆成窄窄的道路，幼儿在绳子中间行走，要求幼儿的脚不能踩到绳子。

7. 跨绳跳子

（1）一定宽度的跨跳：教师将两条绳子摆放在地面，绳与绳之间的距离为40—60厘米，幼儿助跑跨跳过两条绳子。

（2）一定高度的跨跳：教师将绳子系在两把椅子上，高度为15—40厘米，幼儿助跑跨跳过绳子。

❹ 沙包游戏

（游戏设计：雷小娟、李慧萍、李赟、李岩、王浩）

沙包，造价低廉、简单易备，几乎每个家庭都可以为孩子缝制一个。沙包因具备小巧柔软、方便携带、玩法丰富等特点，更是孩子们非常喜爱的游戏材料之一。在游戏的过程中，幼儿可以发挥自己的想象，以物代物，创造出多种玩法，是激发幼儿创造性思维的重要材料。

■ 游戏目标

1. 踢、投、跳、跑、躲闪、平衡等基本动作得到发展。
2. 身体的灵活性、敏捷性、协调性得到提高。
3. 想象力、创造性思维得到培养。
4. 注意力和快速反应能力得到提高。
5. 能与小朋友们合作游戏，愿意大胆尝试、不怕困难、勇于面对挑战。

■ **游戏玩法**

1. 单人玩沙包

（1）顶包走/跑/钻：幼儿将沙包顶在头顶上行走或慢跑，或将沙包放在背上爬行，整个过程幼儿要保持身体平衡，不让沙包掉下来。

（2）抛接沙包：幼儿将沙包高高抛起再接住，不让沙包掉落在地上。将沙包抛起时，教师可以让幼儿拍手，由拍一下接住沙包到拍两下、拍三下……逐渐引导幼儿将沙包抛得越来越高。

（3）拉绳踢包：教师在沙包上缝一根布绳，幼儿拿住布绳的一端，连续踢沙包。这个游戏可以促进幼儿手、眼、下肢动作的协调性。由于沙包有布绳牵拉不会被幼儿踢走，减少了反复捡沙包的环节，使游戏更加连贯有趣。

2. 双人玩沙包

（1）夹包：两名幼儿中间画一条界限，幼儿用脚前部夹住沙包，原地收腹跳起，同时双腿用力向前将沙包甩向对方界内。每名幼儿尽量将沙包抛远，不让对方将沙包夹回自己的界内。这个游戏对幼儿全身的协调性要求较高，可以锻炼幼儿的腿部和腰腹部力量，比较适合6岁以上的幼儿。

（2）抛掷沙包：教师在沙包上缝一根布绳，一名幼儿拿住布绳的一端，小臂向前环绕，利用惯性让沙包以手为圆心画圆，然后手臂用力向前掷出沙包。另一名幼儿用同样的方法掷回沙包。

（3）踢包：两名幼儿中间画一条界限，一名幼儿将沙包放在脚面上，用力抬起脚将沙包踢到对方的界内。对面的幼儿用同样的方法踢回沙包。幼儿要尽量将沙包踢远，不让对方踢回自己的界内。

3. 多人玩沙包

（1）拽包：幼儿分成两组，再将其中一组幼儿分成两部分，间隔4米相对站好。另一组幼儿站在中间。由两边的幼儿拿沙包对准中间的幼儿投掷，中间的幼儿躲闪。被打中的幼儿停止游戏。一定的时间后两组幼儿互换角色。在同样的时间内，被击中的幼儿人数少的一组获胜。本游戏也可以在拽包的一组将中间的幼儿全部打中后再互换角色。

（2）夹包跳：幼儿分成两组，用下肢某个位置夹住沙包向前行进跳，同样的距离进行接力赛，快者为胜。

（3）沙包投掷：教师在地上画起投线和目标线。幼儿分成两组，从起投线投掷沙包，教师计算两组投过目标线的沙包数，数量多的一组获胜。

（4）夹包行进赛：教师在地上画起点线和目标线。幼儿两人一组，利用身体相靠的方式，将沙包夹在两人的中间，把沙包从起点线运向目标线。幼儿可以用除去手以外身体的任何部位夹住沙包。同样的距离，快者获胜。

5 圈的游戏

（游戏设计：谢珍金、王佳、尤凤娇、张金红、王敬、邓敏）

圈，是幼儿园开展体育游戏活动常用的材料，教师引导幼儿探索圈的多种玩法，鼓励他们自由地创新、大胆地尝试，使幼儿展开想象的翅膀，自由、自主地参与到游戏中来。在游戏中，幼儿不仅锻炼了身体，而且也培养了主动性和积极创新的精神。

■ 游戏目标

1. 探索圈的玩法，体验到游戏活动的乐趣。
2. 跑、跳、钻爬等基本动作得到发展。
3. 动作的协调性和灵活性得到提高。
4. 想象力和创造性得到激发。
5. 学会听指令，根据指令快速变换动作的能力得到提高。

■ 游戏玩法

1. 推着圈圈跑

幼儿每人一个圈，将圈立在地上，用手一边推动圈向前滚动，一边向前行进。这个游戏有助于发展幼儿的注意力、动作的协调性和对物体的把控能力。

2. 捻圈圈转转

幼儿每人一个圈，将圈立在地上，用手向一个方向捻转圈的最高点，使圈圈在原地直立自转。这个游戏可以锻炼幼儿手腕的灵活性，提高幼儿控制动作和力量的能力，以及控制物体的能力。

3. 占圈

教师将圈平放在地上，幼儿距离圈一定的距离走或者跑。教师突然说出一个数字，幼儿迅速按教师说的数字几个人组合站到一个圈里。

4. 跳圈

教师将圈平放在地上，幼儿沿着圈行进跳。教师可以根据幼儿的年龄、圈的大小和幼儿的跳跃能力，让幼儿双脚跳或单脚跳。

5. 钻圈

（1）教师将圈固定在物体上，使圈垂直于地面，圈的下端落在地面上。幼儿从直立的圈中钻过。教师可以根据幼儿的年龄、钻的能力和圈的大小，让幼儿正面钻、侧面钻或钻爬过圈。

（2）在上面这个游戏的基础上，教师可以提高难度，设置多个高低不同、大小不一的圈，幼儿可以用钻、跨或爬的方法通过每一个圈。

6. 套圈

（1）从上往下套：幼儿将圈从头上向下套，双脚再迈出圈。

（2）从下往上套：教师将圈放在地上，幼儿的双脚站进圈里，双手拿起圈向上套，圈从头上套出。为了进一步促进幼儿动作的协调性和灵活性，这个游戏可以选择直径较小的圈。

（3）掷圈套物：教师在地上放置一些锥筒，幼儿双手持圈，距离锥筒一定的距离，将手中的圈向锥筒扔出，使圈套在锥筒的外围。

7. 翻圈

两名幼儿面对面站立，双手拉住圈的两边，同时向一个方向翻转身体，将身体从圈外翻到圈内。两名幼儿需要相互配合，才能顺利地同时翻进圈内。这是一个合作型游戏，在促进幼儿身体协调性和灵活性的同时，对培养幼儿的合作意识很有帮助。

8. 向圈内投掷

（1）教师将圈平放在地上，以圈作为目标，幼儿向圈内投掷沙包。这个游戏可以提高幼儿的掷准能力。

（2）教师将圈固定在树上，当作一个简易的篮球筐，幼儿将球投入球筐内。

（3）教师将圈垂直于地面悬吊在半空中，幼儿用沙包、流星球、飞盘等投掷，使投掷物穿圈而过。

9. 用圈运物

教师在圈上绷一块布，一名幼儿或两名幼儿协作，用圈运送物品。

10. 弹接球

教师在圈上绷一块布，幼儿双手持圈，将有弹性的软球放在布上。幼儿向上抖动圈，使软球弹起，幼儿再用圈接住软球。

❻ 轮胎游戏

（游戏设计：李慧萍、雷小娟、李赟、李岩、张帅、王浩）

废旧物品利用是幼儿园教师的特长，很多人眼中的废品在教师的眼中都成了宝贝，废旧轮胎便是其中之一。教师和幼儿一起，在轮胎上涂涂画画，让原本并不起眼的轮胎变成了漂亮的大玩具。这滚动着的图画更吸引着幼儿的心。他们推着轮胎跑，站在轮胎上跳，推着小车绕过轮胎运送货物……在轮胎游戏中，幼儿欢呼着、雀跃着，不仅锻炼了身体，发展了基本动作，而且也培养了不怕困难、乐于合作等优秀品质。

游戏目标

1. 喜欢利用废旧材料做游戏,能用不同的方法玩轮胎。
2. 跑、跳、平衡、钻爬等基本动作得到发展。
3. 身体的协调性、动作的灵活性和调控能力得到提高。
4. 注意力和快速反应能力得到发展。
5. 勇敢和团结合作的精神得到培养。

游戏玩法

1. 走轮胎

教师将轮胎一个挨一个地摆在地上,或将其中部分轮胎的边缘叠落放置,形成倾斜角度,让幼儿脚踩轮胎的边缘向前行进。因为轮胎有软硬之分,同一个轮胎的不同位置也软硬不同,且轮胎的中心是空的,所以幼儿在行走的过程中要高度集中注意力,根据脚下的感觉随时调整身体,控制自己的动作,以保持平衡。

2. 双脚跳轮胎

教师将轮胎平放在地上,幼儿脚踩轮胎的边缘,利用轮胎的弹性在轮胎上原地跳跃。这个游戏要求幼儿在跳跃的过程中身体保持平衡,这对幼儿控制自己的动作和保持身体平衡的能力提出了更高的要求。

3. 车轮滚滚

教师将轮胎直立于地面,幼儿推动轮胎向前快跑。这个游戏看似简单,却非常有效地锻炼了幼儿身体运动的协调能力、把控轮胎滚动方向和速度的能力,以及调控轮胎的运动与自身协调运动的能力。

4. 钻轮胎

教师将较大的轮胎一个一个直立于地面并固定住,幼儿在轮胎中心的圆形洞中钻爬而过。由于轮胎的边缘是圆形的,钻爬的难度大于在平地上钻爬有一定高度的障碍物,因此游戏更具有挑战性,也更加吸引幼儿,使幼儿灵活钻爬的能力进一步得到锻炼。

5. 跨越轮胎

教师将轮胎平放在地上,幼儿助跑跨跳过轮胎。轮胎有一定的厚度,幼儿在跨跳的时候不仅要跨跳过一定的距离,而且还要跨跳过一定的高度。同时,由于轮胎的质地和特点与皮筋不同,跨跳的难度有所增加,因此,幼儿需要克服一定的紧张心理完成动作,这对幼儿的心理素质也是一个锻炼。

6. 绕轮胎跑

教师将轮胎间隔一定的距离放在地上,平放或直立放置均可。幼儿绕轮胎快速跑。轮胎直立放置时,幼儿在绕过轮胎时不可碰触轮胎使其改变位置或状态。

7. 绳拖轮胎走

教师在轮胎上拴一根较粗的绳环或布带，幼儿将绳环或布带斜套在肩上或腹前，拖动轮胎向前行进。这个游戏可以锻炼幼儿的力量和身体的协调性。

8. 攀爬轮胎

教师将几个轮胎叠落放置，形成一定的倾斜角度和高度，让幼儿攀爬过轮胎。

9. 轮胎攀岩

教师将轮胎直立，一层一层地固定到墙面上，让幼儿沿其攀岩。

10. 轮胎秋千

教师将轮胎平行于地面吊起，将轮胎的上端固定在某一个牢固的物体上，让幼儿坐在轮胎上荡秋千。

❼ 球类游戏

（游戏设计：韩巧巧、孙佳丽、郭宏、赵红岩、苏伟、宋海燕、刘扬、覃秋凤、骆春圆）

球，是幼儿最喜欢的玩具之一。在与充满弹性、可以滚动的皮球的亲密接触中，幼儿不仅能够锻炼眼睛和四肢的协调能力、增强体质、促进智力发展，而且还有助于形成活泼开朗的性格。球类游戏可以帮助幼儿在健康的运动中得到情感上的宣泄和释放，使幼儿形成健康、稳定、积极、愉快的心理。

■ 游戏目标

1. 对球类游戏感兴趣，喜欢探索多种玩球的方法。
2. 能节奏稳定、动作连贯地拍球或掌握拍球的多种方法。
3. 上肢的力量，手、眼的协调能力，动作的控制能力和控球能力得到锻炼和提高。
4. 感受到团队游戏的快乐，在团队合作中获得成功的体验。

■ 游戏玩法

1. 拍球

（1）单手拍球：幼儿一人一个球，呈站立姿势，用左手或右手连续拍球。

（2）双手交替拍球：幼儿一人一个球，呈站立姿势，左右手交替连续拍球。

（3）蹲着拍球：幼儿一人一个球，蹲下后连续拍球。

（4）单脚站立拍球：幼儿一人一个球，呈单脚站立姿势连续拍球。

（5）拍球转身：幼儿一人一个球，拍一下球，快速自转一圈，再继续拍球。连续重复拍球后转身的动作。

（6）拍球跳：幼儿一人一个球，在拍球的同时原地纵跳一次，循环往复。

（7）拍球跨球：幼儿一人一个球，在用手将球向下拍的瞬间，抬起与拍球手同侧的腿，从球的上方跨过去，再继续拍球，循环往复。

（8）一边走一边拍：幼儿一人一个球，一边拍球一边向前行进走。幼儿运球行进走的动作自如后，可以一边拍球一边跑动。

（9）有节奏地拍球：幼儿一人一个球，按照音乐的节奏变化拍球。

（10）拍球过障碍：幼儿一人一个球，拍球向前直行进走。教师在进行途中摆放若干个低矮的障碍物，幼儿利用球的弹起从障碍物的上方过去。

（11）拍球绕障碍：幼儿一人一个球，拍球行进。教师在行进途中摆放若干个障碍物，幼儿拍着球走曲线，绕过障碍行进。

（12）两人拍球：两名幼儿一个球，甲方拍一次，乙方拍一次，循环往复，持续拍球。

（13）一人拍两球：幼儿一人两个球，双手同时拍球。

2. 滚球

（1）两人滚球：幼儿两人一个球，间隔一定的距离相对蹲下，互相滚球、接球。

（2）三人或多人滚球：3名幼儿或者更多的幼儿围成圈，面向圆心蹲下，相互滚接一个球，或者用两个以上的球交替滚接。

（3）胯下滚球过门：3名幼儿一个球，中间的幼儿扮演球门，双脚打开；两边的两名幼儿相互滚接球，球需从中间幼儿的胯下穿过滚到对方幼儿的位置。

（4）小球过隧道：多名幼儿一个球，幼儿排成纵队，双脚开立与肩同宽。第一名幼儿手拿一个球，弯腰将球从两脚之间向后滚动，穿过所有的幼儿开立的两脚。最后一名幼儿将球抱起，跑到第一名幼儿的前面，再重复游戏。

（5）小棍赶球：将球放在地上，幼儿手持小棍，用小棍赶着球向指定方向滚动。

（6）打保龄球：将废旧饮料瓶灌装彩色的水，放置在幼儿的正前方，并保持一定的距离。幼儿将手中的球滚出，用球击倒饮料瓶。

3. 抛接球

（1）单人抛球：幼儿一人一个球，双手持球向上抛，再自己接住。

（2）两人抛球：幼儿两人一个球，两名幼儿相对站立，一名幼儿将球抛向对方，另一名幼儿接住后再将球抛回给对方，对方接住。

（3）多人抛球：多名幼儿一个球或多个球，围有一个圆圈，幼儿相对圆心站立，互相抛接球。

（4）抛球击掌：一人一个球，向上抛球后拍手，再将球接住。教师要不断引导，争取让幼儿将球抛得更高，拍手的次数更多。

4. 传球

（1）头上传球：多名幼儿排成一路纵队，第一名幼儿手持皮球，将球高高举起，尽量向后弯腰，将球传递给后方第二名幼儿。第二名幼儿接住球后，用同样的方法传递给第三名幼儿，直至球传到最后一名幼儿。本游戏可以使用多个球连续传递，也可以等最后一名幼儿接到球后跑到第一名幼儿的前面继续游戏，还可以改变方向，从最后一名幼儿开始向前传球。

（2）胯下传球：多名幼儿排成一路纵队，第一名幼儿手持球，弯腰从胯下将球传递给第二名幼儿，第二名幼儿用同样的方法将球传递给第三名幼儿，直至球传到最后一名幼儿。本游戏可以使用多个球连续传递，也可以等最后一名幼儿接到球后跑到第一名幼儿的前面继续游戏。本游戏还可以改变方向，从最后一名幼儿开始向前传球。

（3）转体传球：多名幼儿排成一路纵队，第一名幼儿手持球，向左/右转体，将球传递给第二名幼儿，第二名幼儿用同样的方法向后传球，直至球传递到最后一名幼儿。幼儿也可以站成横排进行游戏。转体传球时，幼儿之间的距离可以比头上传球和胯下传球时稍大，以便让幼儿的身体充分伸展。本游戏也可以改变方向，从最后一名幼儿开始从后向前传球。

（4）打地传球：幼儿两人一组，或多人站成圈，一名幼儿手持球，将球向斜前下方扔出，使球落地后弹向另一名幼儿。另一名幼儿接住球后，用同样的方法传递给下一名幼儿。

5. 运送皮球

（1）直线运球：幼儿两人一组，将球放在报纸或布面上。两名幼儿相互配合，在保证球不落地的情况下，将球从一个地点运送到另一个地点。

（2）过障碍运球：幼儿手持球拍，将小球放在球拍上。幼儿手托球拍绕过障碍，将球运送到另一端。

（3）螃蟹运球：幼儿两人一组，面对面站立，将球夹在两人的腹部。两名幼儿同时侧身向同一个方向行进，在保证球不落地的情况下，将球运送到另一端。

（4）背夹球运球：幼儿两人一组，背靠背站立，将球夹在两人的背部。两名幼儿同时侧身向同一个方向行进，在保证球不落地的情况下，将球运送到另一端。

（5）小车运球：幼儿用小推车、三轮车或者其他的儿童用车，将球从一个地点运到另一个地点。

6. 踢球

（1）定点踢球：幼儿将球踢向指定目标。

（2）两人踢球：两人一个球，幼儿用脚争抢皮球或带球跑，尽可能不让对方踢到球。

（3）多人踢球：多名幼儿站成圈，一名幼儿将球踢向另一名幼儿，对方用脚将球再踢向下一名幼儿。循环往复。

7. 投球

（1）投准：幼儿向球筐内投篮，本游戏适合使用篮球大小的球。

（2）投远：幼儿将球用肩上挥臂投掷的方式掷出，本游戏适合使用垒球大小的球。